ROYAL HORTICULTURAL SOCIETY
DK GARTENTIPPS

KÜBELPFLANZEN

ROYAL HORTICULTURAL SOCIETY
DK GARTENTIPPS

KÜBELPFLANZEN

PETER ROBINSON

DORLING KINDERSLEY
LONDON • NEW YORK • MÜNCHEN • SYDNEY

DORLING KINDERSLEY

PROJEKTBETREUUNG Samantha Gray
BILDREDAKTION Rachael Parfitt

REIHENBETREUUNG Pamela Brown
REIHENBILDBETREUUNG Stephen Josland

CHEFLEKTORAT Louise Abbott
CHEFBILDLEKTORAT Lee Griffiths

DTP-DESIGN Matthew Greenfield

HERSTELLUNG Patricia Harrington

Die Deutsche Bibliothek – CIP-Einheitsaufnahme

Ein Titeldatensatz für diese Publikation ist bei
der Deutschen Bibliothek erhältlich.

Titel der englischen Originalausgabe:
Container Gardening

© Dorling Kindersley Limited, London, 1999

© der deutschsprachigen Ausgabe by Dorling Kindersley Verlag GmbH, München, 2001
Alle deutschsprachigen Rechte vorbehalten

ÜBERSETZUNG Franca Fritz, Heinrich Koop
LEKTORAT Susanne Dahmann
REDAKTION UND SATZ Verlagsservice Monika Rohde, Bonn

ISBN 3-8310-0102-2

Besuchen Sie uns im Internet
www.dk.com

INHALT

DER TOPFGARTEN

VORTEILE DES TOPFGARTENS

OB GROSS ODER KLEIN – fast jeder Innenhof, Balkon oder Garten gewinnt durch ein oder zwei Kübelpflanzen. Mit Blüten- oder attraktiven Blattpflanzen gefüllte Blumenkästen, Kübel und Töpfe helfen, die von Ziegelsteinen und Beton geprägte urbane Umgebung natürlicher zu gestalten. Kübelgärten schaffen grüne Inseln vor Hintertüren und Souterrainwohnungen, verleihen Innenhöfen und Terrassen zusätzliche Farbe und machen sie zu Oasen der Ruhe und Erholung.

ALLER ANFANG IST (NICHT) SCHWER Bereits eine einzelne Pflanze in einem Topf kann eine Fensterbank oder eine Ecke im Hof aufhellen, aber eine ganze Reihe gleichartiger Pflanzen oder eine prächtige Mischung aus Blüten- und Blattpflanzen erzeugen eine wahrhaft beeindruckende Wirkung. Ein solches Arrangement erzielt man am leichtesten mit Pflanzen in einzelnen Töpfen.

Hier kann man am besten auf die unterschiedlichen Anforderungen der Pflanzen eingehen. Gemischte Bepflanzungen in Kübeln erfordern etwas Planung, denn die Ansprüche der verwendeten Pflanzen, was Sonne, Schatten, Wasser und Dünger angeht, müssen übereinstimmen. Außerdem sollten die Pflanzen etwa gleich schnell wachsen, damit keine die anderen überragt.

◄ PFLANZENTRIBÜNE
Ein Stufen-Arrangement aus Fuchsien, Kapuzinerkresse, Begonien und Pelargonien nutzt hier den Raum unter einer Fensterbank. Sie können treppenartige Blumenständer kaufen oder ein kleines Podest bauen.

► SONNENSCHEIN
Diese nebeneinander aufgereihten Zwergsonnenblumen bringen jede Ziegelsteinmauer zum Leuchten.

DAS GEEIGNETE PFLANZGEFÄSS

Jedes Pflanzgefäß sollte sowohl praktisch als auch dekorativ sein. Daher empfiehlt es sich, bei der Wahl des geeigneten Topfes nicht nur das Material, sondern auch Größe, Stil und Wetterbeständigkeit in Betracht zu ziehen. Wenn Sie außerdem bereits wissen, welche Pflanze darin gedeihen soll, sind Sie

> Holzkübel müssen mit einem witterungs-
> beständigen Anstrich versehen werden

schon einen Schritt weiter. Die schönsten Kombinationen entstehen, wenn die Pflanze zu ihrem Topf passt und beide zusammen sich harmonisch in die Umgebung einfügen.

Entscheiden Sie sich möglichst für eine Stilrichtung, die dem Stil Ihres Hauses oder Gartens entspricht.

Ton- und Terrakottatöpfe fügen sich in jede Umgebung gut ein und nehmen schnell ein attraktives wettergegerbtes Äußeres an – dies lässt sich mit einer von außen auf den neuen Topf aufgetragenen Schicht Joghurt noch beschleunigen, da sie das Wachstum von Algen und Flechten fördert. An warmen Tagen halten Tontöpfe die Wurzeln der Pflanzen etwas kühler als beispielsweise Kunststofftöpfe. Andererseits sind große Tontöpfe meist recht teuer und schwer.

Terrakottatöpfe sind ziemlich empfindlich und können bei Minusgraden springen (in diesen Fällen hilft ein Drahtband unterhalb das Topfrandes, das mit einer Zange straff gezogen wird; der Topf fällt nicht auseinander und kann weiterhin genutzt werden). Durch

PRÄCHTIGE BLATT-
PFLANZEN
Die Sukkulente
Aeonium arboreum
(rechts) *verleiht einem*
sommerlichen Garten
eine architektonische
Note. Der Zierkohl
hingegen (unten)
belebt eine trübe
Gartenecke vom
Herbst bis zum
Frühjahr.

das Einweichen neuer Töpfe vor dem Bepflanzen lässt sich ein Feuchtigkeitsentzug verhindern. Kunststofftöpfe dagegen sind leicht, strapazierfähig und preiswert.

DEZENT ODER AUFFÄLLIG

Holzkübel lassen sich mit fast allen Pflanzen wundervoll kombinieren und passen in nahezu jede Umgebung. Allerdings muss der Kübel vor dem Bepflanzen mit einem wasserbeständigen Holzschutzmittel *(siehe S. 33)* gestrichen werden. Sie können ihn von innen mit einer Polyäthylenfolie ausschlagen (Drainagelöcher nicht vergessen!) oder einen Kunststofftopf hineinstellen. Darüber hinaus sollten alle Kübel auf Keile oder spezielle Topfständer gestellt werden, damit das Wasser abfließen kann – dies gilt vor allem für Holzgefäße, die sonst von unten verrotten.

Kleine Bäume und hohe Sträucher benötigen stabile, standfeste Kübel. Frostempfindliche Pflanzen, die im Gewächshaus überwintern müssen, sollten mit einem Rollwagen oder Rollbrett transportiert werden. Weniger attraktive Pflanzgefäße lassen sich mit Farbe, einem Schablonendekor oder Mosaik wieder zu neuem Leben erwecken

▲ ZEIT FÜR EIN MOSAIK
Der frostempfindliche Schopflavendel (Lavandula stoechas) *passt gut zu diesem Mosaikkübel.*

▼ SOUTERRAIN-GARTEN
Hier wurde fast jeder Zentimeter der Wände und des Bodens genutzt – so beleben Kübelpflanzen einen begrenzten Raum ohne Erde.

STANDORT UND KOMBINATIONEN

M IT KÜBELN KÖNNEN SIE SELBST auf kleinstem Raum verschiedene Pflanzen kombinieren, da Sie auf die Bedürfnisse der Gewächse eingehen können. Sollen die wunderschönen Blattformen hervorgehoben werden, empfehlen sich Gefäße aus gleichem Material und gleicher Farbe. Architektonisch anmutende Solitärpflanzen kommen besonders gut in der Mitte eines Hofes oder am Ende eines Weges zur Geltung.

WELCHE PFLANZE WOHIN?

Die Gestaltung von Kübelgärten erfordert ebenso viel Planung und Voraussicht wie die Gestaltung eines Beets. Denn Pflanzen in Kübeln sind den Widrigkeiten des Wetters mehr ausgesetzt als ihre im Garten gepflanzten Vettern: Ihre Wurzeln können im Sommer zuviel Hitze abbekommen und im Winter erfrieren. Im Sommer tragen die äußeren Kübel eines Gruppenarrangements dazu bei, dass die Töpfe in der Mitte kühler bleiben. Für sehr heiße Standorte empfiehlt sich die Verwendung von Pflanzen, die an trockene Bedingungen gewöhnt sind. Häufig besitzen diese Gewächse stachelige oder nadelähnliche, behaarte oder mit einer Wachsschicht versehene, meist graue Blätter.

Blütenpflanzen in kräftigen Primärfarben, insbesondere in Rottönen, kommen an hellen Standorten am besten zur Geltung, während Pastelltöne sich eher für den Halbschatten eignen. Auch die Farbe der Blätter ist von der

BLICKFANG
Diese stachelige Keulenlilie ist ein Blickfang am Ende einer Sichtachse. Wenn Sie die Pflanze in ihrem Topf in das hohe Tongefäß stellen und dieses mit einigen Steinen stabilisieren, lässt sich die Pflanze transportieren.

Lichtintensität abhängig: Viele panaschierte Sorten benötigen direktes Sonnenlicht, damit sie ihre prachtvolle Färbung entwickeln können.

DUFTENDE BELOHNUNG

Wenn Sie aromatische Pflanzen in Kübeln kultivieren, können Sie sie überall hinstellen. In kleinen Innenhöfen erfüllt der Pflanzenduft an warmen Nachmittagen und Abenden die Luft. Lilien eignen sich hervorragend als Kübelbepflanzung; allerdings

> An Sommerabenden weht der Duft der Pflanzen in die Wohnung hinein

sollten Sie beim Kauf darauf achten, ob die gewählte Sorte auch wirklich duftet. Neben aromatischen Kräuterpflanzen wie Thymian und Majoran bieten sich Sonnenwende und Zwergtabak *(Nicotiana)* als Bepflanzung an. Auch einige Sträucher duften intensiv; im Sommer verströmt die Engelstrompete *(Brugmansia)* eine exotische Note, während die Blätter von Rosmarin, Lavendel und Myrte das ganze Jahr aromatisch duften. Selbst Gartenwicken lassen sich in großen Kübeln kultivieren, sofern man ihnen eine Kletterhilfe zur Verfügung stellt. Allerdings benötigen sie viel Wasser und Dünger.

▲ STRATEGISCHE KONSTELLATION
Gräser in Töpfen als Vordergrund für die breitblättrigen Funkien bringen kontrastierende Blattformen zur Geltung.

▼ MAUERBLÜMCHEN IN VOLLER PRACHT
Die zarten Farbtöne der Tulpen, Stiefmütterchen und Pelargonien sowie die natürliche Struktur des Trogs und der Töpfe unterstreichen die schlichte Schönheit der grauen Steinmauer.

PFLANZEN UND GEFÄSSE

EINE ENORME VIELFALT VON PFLANZEN eignet sich für die Topfkultur, vorausgesetzt, der Kübel ist standfest und bietet den Wurzeln genügend Platz. So lassen sich Pflanzen ziehen, die in der Erde Ihres Gartens vielleicht nicht leben könnten. Rhododendron beispielsweise benötigt einen sauren Boden, den man ihm mit Eriken-Substrat in einem Kübel bieten kann. Steingartenpflanzen und mediterrane Kräuter brauchen etwas Kies zur Drainage.

STIL UND ZWECK

Wenn Sie für eine Pflanze einen geeigneten Topf suchen, sollten Sie die natürliche Wuchsform der Pflanze bedenken. So braucht eine Rankpflanze ein hohes Gefäß wie etwa einen Schornsteinaufsatz oder eine Urne, damit sie sich über dessen Rand ergießen kann. Sie können sie aber auch in einen kleinen Topf setzen und diesen auf eine Lage Ziegelsteine oder einen anderen umgedrehten Kübel platzieren. Die meisten Gruppenarrangements kommen noch besser zur Geltung, wenn einige der Pflanzen auf unterschiedlichen Ebenen untergebracht sind. Hängende Fuchsien, Strohblumen, Kapuzinerkresse und Lobelien harmonieren sehr schön miteinander. Außerdem kann man mit ihnen die Randbereiche gemischter Bepflanzungen in großen Kübeln auflockern. Eine Mischung verschiedener Wuchsformen lässt jede Bepflanzung interessanter erscheinen.

Steingartenpflanzen, kleine Zwiebelgewächse und teppichbildende Kräuter wie etwa Thymian eignen sich gut für flache Gefäße, da ihre Wurzeln nicht viel Platz brauchen. Und die Rosetten des Hauswurz gedeihen und vermehren sich sogar in Schalen mit nur 8–10 cm Substrat.

Ein ausgewogenes Erscheinungsbild ist sehr wichtig: Denken Sie bei der Wahl des geeigneten Gefäßes auch an die Form, die die Pflanze zusammen mit dem Kübel ergibt. Auch sollte man einer Pflanze nie mehr Substrat zur Verfügung stellen, als ihre Wurzeln jemals erreichen können, da

FORMEN UND KONTUREN
Dieser Garten (rechts) *wurde aus Hochbeeten und Kübeln auf mehreren Ebenen konzipiert. Er ist ein schöner Rahmen für stachelige Blattpflanzen und Kletterpflanzen. Der schlichte Topf* (unten) *betont die hübsche Form des Steinbrechs.*

◀ AUF MESSERS
SCHNEIDE
*Diese Buchsbaum-
pflanzen wurden in
Formen geschnitten,
die gut zu den
jeweiligen Kübeln
passen. Achten Sie bei
der Auswahl der
Gefäße auf gedämpfte
Farben und gleich-
artige Oberflächen.*

▼ FLORA UND FAUNA
*Attraktive Vögel und
andere Tierfiguren
lassen sich auch mit
Hilfe von kleinblätt-
rigem Efeu erziehen,
der an einem Draht-
gestell hochrankt
(siehe S. 62).*

die Erde sonst versumpft und schal wird.
Den überschüssigen Platz in einem großen
Kübel kann man mit Einjährigen wie etwa
Fleißigen Lieschen, Stiefmütterchen und
Gauklerblumen füllen. Noch besser ist es,
den Strauch jedes Jahr in einen größeren
Kübel umzutopfen.

Formschnittfiguren verdienen ein attraktives Pflanzgefäß

IN GROSSEN DIMENSIONEN DENKEN

Bei Bäumen und Sträuchern, die lange eine
wichtige Rolle in Ihrem Garten spielen, lohnt
es sich, etwas mehr Geld für schöne Pflanzgefäße auszugeben. Manche Pflanzen und
Gefäße scheinen wie geschaffen füreinander:
Glasierte Keramiktöpfe passen gut zu asia-
tisch anmutenden Bäumen und Sträuchern.

Leider besteht dann auch die Gefahr des
Diebstahls. Deshalb sollten Sie über
eventuelle Sicherungssysteme nachdenken.

IDEEN FÜR IMPROVISATIONEN

Als Alternative zu herkömmlichen Blumentöpfen bieten sich die unterschiedlichsten Gefäße und Behälter an, denn nahezu jedes Behältnis, das mit Drainagelöchern versehen und mit Pflanzsubstrat gefüllt werden kann, lässt sich in einen Pflanzenkübel verwandeln. Weidenkörbe, Keramikbecken, Zinkeimer und alte Vogelkäfige sind meist weniger kostspielig als handelsübliche Pflanzgefäße und verleihen Ihrem Garten ein individuelles Flair.

RUSTIKALE PFLANZGEFÄSSE

Schornsteinaufsätze eignen sich besonders für Gruppenarrangements, die zusätzliche Höhe erhalten sollen; außerdem bieten sie sich auf Grund ihrer hohen, schmalen Form für kleine Gärten oder begrenzte Standorte an. Statt den gesamten Aufsatz mit Substrat zu füllen, empfiehlt es sich, einen kleineren Topf oben in den Aufsatz hineinzusetzen *(siehe hohes Tongefäß, S. 10)* und gegebenenfalls durch Steine oder Ziegel zu unterstützen. In hohen Gefäßen kommen rankende Pflanzen wie hängende Fuchsien oder Petunien am besten zur Geltung, da sie sich auf attraktive Weise über den Gefäßrand ergießen.

Aber auch aus preiswertem Altmaterial wie Keramikfliesen, Tondachziegeln oder großen Tonregenrohren, die vielleicht noch von Renovierungsarbeiten übrig bzw. beim Schrotthändler erhältlich sind, lassen sich dekorative Pflanzgefäße herstellen. Gegebenenfalls müssen die einzelnen Teile mit Mörtel zusammengefügt werden.

▶ SCHORNSTEINBEPFLANZUNG
Ein Schornsteinaufsatz eignet sich hervorragend als Pflanzgefäß für diese frostempfindliche Fuchsie ›Annabel‹.

▼ GEFÄSSE AUS TONFLIESEN
Diese Pflanzgefäße aus Bruchstücken von Tonfliesen wirken durch ihre gedämpften Farben.

Nur die obere Hälfte ist mit Substrat gefüllt; im unteren Bereich des Schornsteinaufsatzes befindet sich ein kleinerer Topf oder eine Schicht Drainagematerial.

Als Unterpflanzung dient eine *Lobelia erinus* ›White Cascade‹, deren Ranken sich über den Gefäßrand ergießen.

◀ GEMÜSESTÄNDER
In diesen mit Moos ausgekleideten Gemüseständer passt viel Erde, in der dann diverse Pflanzen (hier violettes Opalbasilikum, Thymian, krausblättrige Petersilie und duftende Pelargonien) gedeihen.

▼ HOHLER BAUM-STAMM
Purpurglöckchen ›Palace Purple‹ und Wurmfarn in einem hohlem Baumstamm bilden einen schönen Farb- und Wuchsformkontrast. (Drainagelöcher nicht vergessen!).

Aber auch andere Gegenstände lassen sich in überraschend funktionale Pflanzgefäße verwandeln. So kann man beispielsweise einen Gemüseständer mit Moos auskleiden und mit einer Lage Polyäthylenfolie versehen. Dann bohrt man in den Boden der Folie Drainagelöcher und ritzt

Alle improvisierten Pflanzgefäße brauchen Drainagelöcher

die Seiten mit einem Messer ein, damit die Pflanzen wie bei einer Blumenampel von außen durch die Schlitze eingesetzt werden. Selbst ausgehöhlte Baumstämme bieten sich als attraktive Pflanzgefäße an, und Sie können auch mit Rinde versehene Holzstücke zu einem Trog zusammennageln. Stellen Sie diese Holzgefäße auf Keile und füllen Sie sie mit einem sehr durchlässigen Substrat *(siehe S. 54–55)*.

GEHÖLZE UND RANKEN

GEHÖLZE IN KÜBELN VERLEIHEN gepflasterten Gartenbereichen zusätzliche Struktur und schenken ihnen einen Hauch von zeitloser Schönheit, wobei die Pflanzen selbst den Stil des Gartens beeinflussen und eine besondere Atmosphäre schaffen können. Elegant geformte oder attraktiv strukturierte Kübel, mit kleinen Bäumen oder Sträuchern kombiniert, sind ein interessanter Blickfang.

SICHTSCHUTZ

Immergrüne Bäume, Sträucher und Kletterpflanzen in Kübeln können das Erscheinungsbild von Mauern und Zäunen verschönern und für eine anheimelnde Atmosphäre sorgen. Für Pflanzenskulpturen eignen sich immergrüne Pflanzen mit kräftigen Blattformen wie etwa × *Fatshedera lizei*, Zimmeraralie, Keulenlilie und *Cycas revoluta*. Die beiden letzteren wirken sehr exotisch – ihr Standort muss gut gewählt sein; außerdem müssen sie geschützt überwintern. Für Stadtgärten, die meist von Mauern umgeben sind und daher eine helle und luftige Bepflanzung erfordern, bieten sich der Fächerahorn *(Acer palmatum)* oder eine panaschierte Aralie an.

ECKBEPFLANZUNG
Während die umstehenden Helleborus foetidus, *das eindrucksvolle Blattwerk von* Arum italicum *sowie eine Strauchveronika diese spätwinterliche Gartenecke zum Leben erwecken, wirken die Kätzchen der Salweide (*Salix caprea ›Kilmarnock‹*) wie dicke Wassertropfen eines Springbrunnens, der sich über den türkisblauen Behälter und die Unterpflanzung aus* Helleborus argutifolius *ergießt.*

FARBE UND DUFT

Einer der größten Vorteile der Kübelkultur besteht darin, dass man weniger reizvollen Ecken im Garten durch Blüten oder Blätter etwas Farbe verleihen kann. Silberblättrige Sträucher wie etwa *Convolvulus cneorum* schenken sonnigen Terrassen etwas Kühle, und die Blüten und Blätter einer panaschierten Schönmalve wirken sehr erfrischend. Bäume und Sträucher mit duftenden Blüten oder Blättern wie Lavendel und Rosmarin kommen in der Nähe einer Sitzecke besonders gut zur Geltung. Und da es sich dabei meist um den geschütztesten Standort im Garten handelt, gedeihen hier auch Myrte und Lorbeer, die windempfindlich sind.

GARTENFREUDE DAS GANZE JAHR

Manche Pflanzenskulpturen erscheinen im Winter noch Aufsehen erregender als im Sommer, wie etwa die strengen Konturen eines geometrisch geschnittenen Buchsbaums *(Buxus)* oder einer Eibe *(Taxus).*

Auch der Fächerahorn besitzt mit seinem Flechtwerk aus feinen Zweigen während dieser Jahreszeit eine besondere Ausdruckskraft, und die kahlen, gedrehten Zweige von Korkenzieherhasel *(Corylus avellana* ›Contorta‹) und *Salix* ›Erythroflexuosa‹ kommen in Kübeln besonders gut zur Geltung. Verschiedene Efeusorten wie die goldgefleckte ›Goldheart‹ oder die ›Cristata‹ hellen düstere Ecken auf und kaschieren

Hohe Bäume und Sträucher benötigen einen attraktiven, standfesten Kübel

Mauern. Manche Gewächse erzeugen im Sommer sanfte Töne, wie etwa die Bambusart *Sasa palmata* f. *nebulosa,* deren breite, glänzende Blätter an einem geschützten Standort das ganze Jahr über einen attraktiven Blickfang bieten.

BLÜHENDE PFLANZEN

FROSTEMPFINDLICHE STAUDEN UND EINJÄHRIGE, die an heißen Standorten gedeihen, verleihen Farbe, wo holzige Gewächse nur schwer gedeihen. Krautige Pflanzen und zahlreiche Lilien eignen sich für Schattenplätze. Und mit Hilfe von Zwiebelgewächsen wie etwa kleinen Narzissen und Krokussen oder leuchtenden Tulpen lässt sich die Blütezeit im Frühling und Herbst sogar noch verlängern.

LEUCHTENDE FARBEN

Die vielen Beetpflanzen, die Gartencenter und Gartenkataloge als Jungpflanzen anbieten, ermöglichen erstaunliche Pflanzenkombinationen ohne das mühsame Aussäen oder Pikieren oder das allmähliche Gewöhnen an Freilandbedingungen. Obwohl sie bereits im Frühjahr angeboten werden,

▲ STRAHLENDE FARBEN FÜR DIE SONNE
Dieser Terrakottatopf enthält eine leuchtende Mischung aus Schmuckkörbchen, Rudbeckia ›Rustic Dwarfs‹ *und* ›Marmalade‹, *Strohblumen und* Santolina chamaecyparissus.

müssen sie vorübergehend im Gewächshaus untergebracht werden, solange noch die Gefahr von Nachtfrost besteht.

Regelmäßiges Entfernen verwelkter Blüten sowie gelegentliches Düngen mit einem Kalidünger (z. B. einem Tomatendünger) fördert die Bildung neuer Blüten. Viele Einjährige und Beetpflanzen wie etwa Gerbera, Pelargonie, Osteospermum, Salbei und Trompetenzunge bringen die schönsten Blüten nur an sonnigen Standorten hervor, während Lobelien, Fleißige Lieschen *(Impatiens)*, *Begonia semperflorens*, Stiefmütterchen und Tabak *(Nicotiana)* im Halbschatten gedeihen. Und für trübe, feuchte Sommer bieten sich

Kriechende Lobelien – ein Blütenschleier für den Balkonkasten

vor allem Petunien an, die in einer Vielzahl von Farben erhältlich sind – von warmen oder kühlen Farbtönen bis hin zu gestreift oder hübsch gemasert.

STAUDEN FÜR KÜBEL UND TÖPFE

Stauden können Sie in großen Kübeln kombinieren, sie aber auch einzeln in kleinere Töpfe setzen und diese immer wieder neu arrangieren. Besonders schön sind die Schmucklilie mit eleganten Blütenköpfen sowie panaschierte Funkien mit dekorativen Blüten und Blättern.

Viele krautige Pflanzen – insbesondere solche, die in Waldgebieten gedeihen wie

▲ TRAGBARE PFLANZEN
*Kleine Kübel ermöglichen
einen mühelosen Transport
frostempfindlicher Pflanzen
wie* Eucomis bicolor *– vom
sommerlichen Garten ins
Winterquartier.*

◄ EINDRUCKSVOLL
*Diese Tulpengruppe der Sorte
›Keizerskroon‹ zeigt, wie
imposant eine einzige Sorte
wirken kann.*

etwa *Heuchera* und *Tiarella* – bevorzugen
einen schattigen Standort. Besonders schön
wirken sie in Kombination mit ausdauern-
den Blattpflanzen wie Ziergräsern und
Farnen, die ebenfalls im Schatten gedeihen.
Liriope und Bergenie besitzen ein immer-
grünes Blattwerk und tragen auch im
Herbst bzw. Frühling attraktive Blüten.

ZWIEBELGEWÄCHSE IN KÜBELN

In großen Kübeln lassen sich Zwiebelgewächse in mehreren Schichten an der Oberfläche gepflanzt zusammen mit Einjährigen
(siehe S. 57) arrangieren. Am besten kultiviert man sie jedoch in einem eigenen Gefäß.
Besonders Tulpen erfreuen durch ihre
Blütenpracht; nach der Blütezeit sollte man
sie dennoch aus dem Topf nehmen und in
den Garten setzen. Auch Lilien sind unwi-
derstehlich, benötigen allerdings ebenfalls
ein eigenes Pflanzgefäß, und ihre Blüte in der
Kübelkultur ist nur von kurzer Dauer.

▲ KÜHLES, STRAHLENDES WEISS
*Diese sonnenliebende Mischung aus weißen
Petunien und* Helichrysum *›Roundabout‹ zeigt
im Abendlicht ihre Leuchtkraft.*

OBST, GEMÜSE UND KRÄUTER

D IE MEISTEN KRÄUTER EIGNEN SICH gut für Kübel. Obst- und Gemüsepflanzen erfordern viel Zeit und müssen außerdem regelmäßig gegossen und gedüngt werden (Flüssigdünger lassen sich am leichtesten anwenden). Aber Ihre Ernte kommt direkt von der Pflanze frisch auf den Tisch. In kühleren Regionen sind Zitrusbäumchen meist nur dekorativ, während krause Endivie oder eine Pyramide mit heranreifenden Erdbeeren auch produktiv sind.

OBSTBÄUME IN KÜBELN

Obstbäume in Kübeln lassen sich leichter in einen Ziergarten integrieren als Gemüse-pflanzen und verleihen sonnigen Terrassen oder Innenhöfen ein mediterranes Flair. Allerdings müssen die Bäumchen den Winter frostgeschützt im Wintergarten oder Gewächshaus verbringen.

Denken Sie bei Ihrer Planung auch daran, welche Art von Pflanzgefäß am besten zu den Pflanzen Ihrer Wahl passt. Obstbäume benö-tigen einen großen Kübel, der genügend Erde aufnehmen kann, damit die Wurzeln bei Trockenheit nicht verdursten. Erdbeertöpfe sind sowohl dekorativ als auch Platz sparend.

MEDITERRANES ZITRONENBÄUMCHEN
Das Zitronenbäumchen im eleganten Terra-kottakübel kommt auf der sonnigen Terrasse besonders schön zur Geltung. Den Winter muss es aber in einem Gewächshaus verbringen.

Erdbeeren auf der Terrasse sichern Ihnen eine stete Ernte

Winzige Walderdbeeren gedeihen gut im Halbschatten und bringen kleine, aber köstliche Früchte hervor. Geben Sie zusätz-lich etwas Kies unter die Erde, damit das Gießwasser – insbesondere in den speziell konzipierten Erdbeer-Pyramiden – alle Erdschichten gleichmäßig durchdringen kann.

GEMÜSE IN TÖPFEN UND KÜBELN

Für die Kübelkultur eignen sich am besten solche Gemüsesorten, die kompakt sind, flache Wurzeln haben und schnell heran-reifen. Einen Mini-Küchengarten erzielt man mit mehreren Gemüsesorten in einem

großen Pflanzgefäß – wie gekräuselte Salatsorten wie Lollo Rosso und Möhren mit ihrem fedrigen Grün. Darüber hinaus trägt eine Kombination verschiedener Pflanzen zur Schädlingsbekämpfung bei, da die meisten Schädlinge eine Mischung von Duftstoffen weniger verlockend finden als eine einzelne, kräftige Duftnote.

Für sehr sonnige, geschützte Standorte bietet sich eine Bepflanzung aus Auberginen, Chili und Paprika an, die zwar frostempfindlich sind und eine lange Wachstumszeit haben, aber vom Handel angeboten werden.

▲ MINI-KÜCHENGARTEN
Der mit Rotkohl und Kapuzinerkresse bepflanzte Holztrog bildet einen kleinen Küchengarten, dem man gelegentlich ein paar Blätter für einen sommerlichen Salat entnehmen kann.

▼ ERDBEER-KASKADE
Zwei ineinander gesetzte Terrakottakübel mit genügend Raum zwischen den Töpfen für Erde und Wurzeln sind mit einer Mischung aus Kräutern und Walderdbeeren bepflanzt.

GEEIGNETE GEMÜSESORTEN

SONNIG UND GESCHÜTZT
Auberginen kleinfrüchtige Sorten
Chilischoten kompakte Sorten, z. B. ›Apache‹
Tomaten schnell reifende, kleinfrüchtige Sorten
Paprikaschoten kompakte Sorten, z. B. ›Redskin‹

HALBSCHATTIGER STANDORT
Prinzessbohnen kleinwüchsige Sorten
Stangenbohnen benötigen einen großen Kübel plus Zelt aus Bambusstäben
Salat dekorative Sorten, z.B. Lollo Rosso
Möhren runde Formen

KRÄUTERTÖPFE

Das Schöne an Kräuterpflanzen ist, dass man sie an einem leicht zugänglichen Standort in der Nähe des Hauses platzieren kann.

Achten Sie bei einer gemischten Bepflanzung darauf, dass alle Kräuter die gleichen Ansprüche stellen. Viele Kräuter stammen ursprünglich aus dem Mittelmeerraum und benötigen viel Sonne und einen durchlässigen Boden, damit sie gedeihen und feuchte Winter überstehen, so wie Thymian, Majoran, Rosmarin, Basilikum, Lorbeer und Salbei. Rosmarin und Lorbeer müssen vor Frost geschützt werden. Schnittlauch, Petersilie, Kerbel und Minze gedeihen gut im Halbschatten, wobei die Minze in einem eigenen Topf stehen sollte, da sie sonst ihre Nachbarpflanzen überwuchert. Es empfiehlt sich eine Topferde auf Torfbasis. Die Mittelmeerkräuter benötigen zusätzlich etwas groben Sand oder Kies.

◀ KULINARISCHES TRIO
Ein Lorbeer-Hochstämmchen mit einer Unterpflanzung aus Thymian und Petersilie liefert die benötigten Zutaten für ein »bouquet garni«.

▲ AROMATISCHES ARRANGEMENT
Erdbeertöpfe lassen sich wunderbar zweckentfremden und mit attraktiven Kräutern bepflanzen.

▼ PIKANTE PARTIE
Diesen Blumenkasten teilen sich Basilikum und Steinquendel. Basilikum sollte regelmäßig geerntet werden.

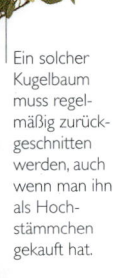

Ein solcher Kugelbaum muss regelmäßig zurückgeschnitten werden, auch wenn man ihn als Hochstämmchen gekauft hat.

IDEEN FÜR IHRE KÜBEL

SCHABLONENMOTIV S. 26

Mit etwas Farbe oder einem Schablonen-motiv *(S. 24–26)* lassen sich Töpfe aus Ton- oder Kunststoff mühelos dekorieren und so vielleicht einem Farbthema im Garten anpassen. Besondere Effekte erzielt man, wenn man die Oberfläche der Töpfe mit einem Mosaik aus zerbrochenen Fliesenstücken, Glasperlen, Spiegel-scherben oder Muscheln bedeckt *(S. 27–29)*.

Blumenkästen sorgen das ganze Jahr über für willkommene Farbtupfer. Sie können sie mit einer Schicht Farbe – z. B. Antik- oder Krake-lierlack – versehen, um ihnen so eine attraktive Patina zu verleihen. Oder Sie erzielen mit Hilfe von Holzleisten einen Paneel- oder Rippeneffekt *(S. 36–37)*. Bevor Sie Ihre dekorierten Blumen-kästen jedoch bepflanzen können, sollten Sie sie sorgfältig an der Fensterbank befestigen *(S. 38–39)*.

KRAKELIERLACK S. 35

Mit etwas handwerklichem Geschick können Sie auch Ihre eigenen stilvollen Holzkübel anfertigen *(S. 40–47)*.

Alte Steintröge schenken dem Garten einen Hauch von zeitloser Schönheit, sind aber meist recht teuer. Eine preiswerte Lösung ist, selbst Imitationen anzufertigen. Auf S. 48–53 zeigen wir Ihnen, wie man Kunststoff-kisten mit natürlich wirkendem Kunsttuff oder einer besonders robusten Zement-mischung verkleidet, die Sie farblich passend streichen können.

KLASSISCHER HOLZKÜBEL S. 44

STEINGARTEN-TROG S. 52

DEKORIERTE KÜBEL

MIT LEUCHTENDEN FARBLASUREN UND fröhlichen Schablonenmotiven – Muscheln, Sterne usw. – heitern Blumentöpfe dunkle Ecken im Garten auf. Lassen Sie Ihrer Phantasie freien Lauf, und stimmen Sie das Dekor lediglich auf die geplante Bepflanzung ab. Mosaiken sind schon etwas aufwendiger, kommen aber in Kombination mit auffälligen Blattpflanzen wunderbar zur Geltung. Sie können sowohl Plastiktöpfe als auch Tontöpfe verwenden und auf diese Weise schöne Pflanzgefäße gestalten.

PATINA FÜR NEUE TONTÖPFE

Neue Tontöpfe erhalten ein stilvolles, antikes Äußeres, wenn man zwei Schichten Farbe aufträgt und Teile davon wieder abreibt. Am besten verwendet man eine Emulsionsfarbe mit relativ kreidiger Struktur oder die in Künstlerbedarfsgeschäften erhältlichen Spezialfarben zum Patinieren.

MATERIAL
- Tontopf
- Emulsionsfarbe in zwei verschiedenen Farbtönen
- matter Klarlack
- Terpentinersatz

WERKZEUG
- Pinsel
- feine und grobe Stahlwolle

ZWEIFARBIGER EFFEKT

1 **Den Topf,** auch den inneren Rand, mit einer Schicht Farbe versehen und vollständig trocknen lassen.

2 **Die zweite Farbe auftragen.** An den Stellen mit Wasser verdünnen, die später abgerieben werden. Vollständig trocknen lassen.

3 **Mit grober Stahlwolle** einige Bereiche der oberen Farbschicht entfernen und mit feiner Stahlwolle möglichst fließende Übergänge erzeugen.

4 **Farbreste abbürsten** und den Topf mit einem Klarlack streichen, der nach dem Trocknen nicht mehr glänzt.

◀ SOMMER-SCHATTIERUNGEN *Die vielen Farbtöne harmonieren schön mit Blüten und Blättern.*

MIT SCHABLONEN DEKORIEREN

Falls Sie zum ersten Mal mit Schablonen arbeiten,wählen Sie ein möglichst schlichtes Motiv. Die Oberfläche von Tontöpfen ergibt einen attraktiven Untergrund, wogegen Kunststofftöpfe zunächst mit einer Schicht Farbe versehen werden sollten. Lassen Sie einen möglichst schmalen Kartonrand rund um das Motiv stehen, damit die Schablone fest auf dem Untergrund klebt und klar umrissene Ränder erzielt werden können.

EINFACHE MOTIVE

MATERIAL
- biegsamer Karton
- Tontopf
- Emulsions- oder Acrylfarbe
- Schmierpapier
- Klarlack
- Terpentinersatz

WERKZEUG
- Bleistift
- Universalmesser
- Kreppband
- Schwamm
- Pinsel

1 Das Motiv auf ein Stück biegsamen Karton zeichnen oder pausen und mit einem Universalmesser ausschneiden.

2 Die Schablone mit Hilfe des Kreppbands möglichst fest auf den Topf kleben, damit die Farbe nicht unter die Ränder laufen kann.

3 Die Farbe mit einem Schwamm auftragen (zuvor abtupfen, um überschüssige Farbe zu entfernen). Nach dem Trocknen die Schablone abziehen und den Topf klarlackieren.

KUNSTSTOFFTÖPFE

Zuerst eine Grundierung auf Ölbasis auftragen, damit eine zum Bemalen geeignete Oberfläche entsteht. Dann den Topf mit einer Grundierung versehen und ein Schablonenmotiv auftragen. Nach dem Trocknen das Kreppband vorsichtig entfernen. Zum Schluss klarlackieren.

Diese Molluske wurde mit Hilfe einer Schablone auf einen Untergrund aus schieferblauer Emulsionsfarbe aufgetragen.

Ein Mosaik

Mosaiken bieten sich zum Dekorieren preiswerter oder gesprungener Tonkübel und dicker Kunststofftöpfe an. Wählen Sie beim ersten Versuch möglichst ein schlichtes Zufallsmuster – wie das hier gezeigte.

Die stachelige Silhouette der *Yucca gloriosa* ›Variegata‹ betont das Mosaik besonders.

MATERIAL
- Tontopf
- Zeichenpapier
- Fliesen oder altes Porzellan
- wasserbeständiger Fliesenklebstoff und Fugenmörtel
- Emulsions- oder Acrylfarbe

WERKZEUG
- Lineal und Bleistift
- Hammer
- Stoff oder Zeitungspapier
- Schutzbrille
- Gummihandschuhe
- Fliesenzange
- Fliesenfeile
- Japanspachtel
- Gummispachtel und Schwamm
- Pinsel

PFLANZENPARTNER
Kühn gemusterte Töpfe erfordern kühn geformte Pflanzen wie etwa diese Yucca. Für einen sonnigen Standort bieten sich auch Neuseeländer Flachs, Agaven oder Sukkulenten an. Die Formen dieser Pflanzen aus heißen Klimaregionen passen gut zum mediterranen Flair von Mosaiken.

Das Design planen

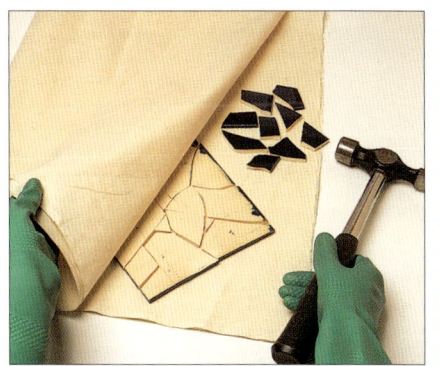

1 **Zunächst die Maße des Topfs** (inklusive des Rands) nehmen und in Segmente aufgeteilt auf Papier übertragen.

2 **Die Fliesen** zwischen zwei Lagen Stoff oder Papier legen und mit einem Hammer zerschlagen. Schutzbrille tragen!

DIE SCHERBEN FORMEN UND FIXIEREN

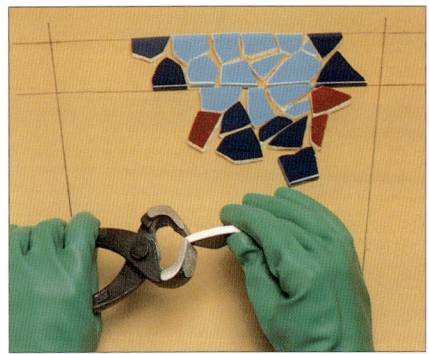

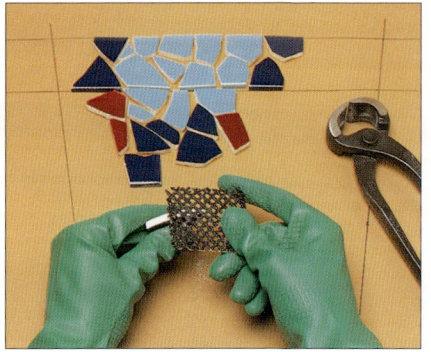

1 **Die Scherben** zu einem Muster auf die Vorlage legen. Die Kanten der Scherben mit einer Fliesenzange runden. Scherben mit glasierter Kante an den oberen Rand legen.

2 **Scharfe Scherbenränder** mit einer Fliesenfeile glätten; dabei stets die Schutzbrille tragen.

4 **Den Fugenmörtel** gleichmäßig über die Oberfläche des Mosaiks streichen und sorgfältig in die Fugen zwischen den Scherben einarbeiten. Überschüssiger Mörtel lässt sich später mühelos abwischen. Dem Mörtel kann Farbe hinzugefügt werden.

TIPPS & TRICKS

• Dünne Fliesen lassen sich leichter verarbeiten. Alle Scherben sollten gleich dick sein.

• Verzichten Sie auf Fliesen mit Krakeleeglasur, da sie besonders scharfe Bruchkanten haben.

• Verwenden Sie möglichst kleine Scherben.

• Kombinierter Klebstoff/Mörtel ist sehr praktisch.

3 **Dann mit dem Japanspachtel** den Fliesenklebstoff dick auf die Unterseite der einzelnen Scherben streichen und die Scherben nacheinander entsprechend der Vorlage auf den Topf kleben. Vollständig trocknen lassen.

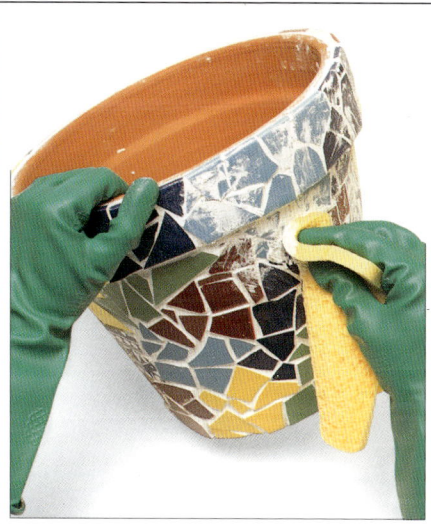

5 **Überschüssigen Mörtel** mit einem feuchten Schwamm abwischen, bevor er aushärtet. Nach dem Trocknen die Oberfläche des Mosaiks polieren.

6 **Die Randinnenseite** bis kurz unterhalb der Pflanztiefe in einem farblich passenden Ton streichen, um Klebstoff- oder Mörtelreste abzudecken und das Erscheinungsbild abzurunden.

ALTERNATIVE MATERIALIEN FÜR MOSAIKEN

Mit etwas Erfindungsgeist lassen sich fast alle Materialien verwenden. Die speziell für Mosaiken hergestellten Glastäfelchen (unten rechts) sind frostbeständig, während Muscheln mit einer Schicht Klarlack zusätzlich geschützt werden sollten.

◄ SPIEGELSCHERBEN
Kein schlechtes Omen, sondern surreales Element in einem Mosaik. Bei der Verarbeitung ist jedoch Vorsicht geboten.

GLASSTEINE ►
Diese Murmeln werden meist in Glasvasen arrangiert, eignen sich aber auch gut zur Herstellung eines Mosaiks.

▼ GLASTÄFELCHEN
In Baumärkten sind diese Täfelchen in einer Vielzahl von Farben erhältlich.

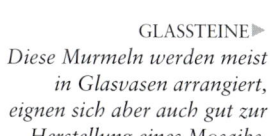

▲ MUSCHELN
Hier erhält Strandgut einen neuen Verwendungszweck – Muscheln und Schneckenhäuser geben nicht nur Struktur, sondern auch Flair.

▲ KNÖPFE
Mit großen oder kleinen Knöpfen aus Glas oder Keramik lassen sich interessante Details kreieren.

BLUMENKÄSTEN

EINE FENSTERBANK OHNE BLUMENKÄSTEN ist für jeden Pflanzenliebhaber eine verschenkte Gelegenheit. Der Blumenkasten selbst kann auf vielfältige Weise dekoriert werden und mit Hilfe von Farbe oder einem ornamentalen Holzdekor ein rustikales Äußeres oder einen Hauch urbaner Eleganz erhalten *(siehe S. 34–37)*. Das Erscheinungsbild lässt sich dann mit einem Pflanzschema aus aufrechten und rankenden Pflanzen mit attraktiven Blättern harmonisch abrunden.

EIN BLUMENKASTEN AUS HOLZ

Einfache Kästen aus wetterbeständigem Holz können sofort bepflanzt werden oder als »Übertöpfe« für Kübelpflanzen dienen. Dieser Blumenkasten wurde für eine Fensterbank von 100 x 20 cm entworfen, lässt sich aber auf jedes andere Maß übertragen. Große Blumenkästen müssen sehr sorgfältig befestigt werden.

TIPPS & TRICKS
• Wenn Sie die Maße des Blumenkastens verändern, sollten Sie darauf achten, dass den Pflanzen noch genügend Platz für die Wurzeln bleibt (meist mindestens 19 cm).
• Glätten Sie alle rauhen Holzkanten mit Schmirgelpapier, bevor Sie die Teile zusammensetzen.

MATERIAL
Für dieses Projekt verwenden Sie am besten 2 cm starkes Holz. Die angegebenen Maße beziehen sich auf fertige, glatt gehobelte Holzteile.
• 2 Längsteile (96,5 x 19 cm)
• 2 Seitenteile (17 x 17 cm)
• 1 Boden (96,5 x 17 cm)
• 30 Spanplattenschrauben (Spax) 4,5 x 50 sowie zusätzliche Reserveschrauben
• Holzspachtelmasse
• Schutz- und Dekorlasur nach Wunsch *(siehe S. 33–37)*

WERKZEUG
• Bleistift
• Maßband
• Bohrgerät, vorzugsweise elektrische Bohrmaschine
• 4-mm-Bohrspitze
• Versenkbohrer
• 13-mm-Bohrspitze für die Drainagelöcher
• Schraubendreher

DIE SEITENTEILE ANBRINGEN

1 **Das Bodenstück** flach auf die Arbeitsfläche legen, die Seitenteile nacheinander gegen den Boden halten und mit einem Bleistift auf der Innenseite entlang des unteren Randes eine Linie ziehen.

2 **Mit dem Bleistift** drei gleichmäßig über den unteren Rand (unterhalb der Bleistiftlinie) verteilte Bohrlöcher einzeichnen und mit der 4-mm-Bohrspitze bohren. Mit dem Versenkbohrer *(siehe Bild)* eine flache Vertiefung bohren, damit der Schraubenkopf etwas unterhalb der Holzoberfläche liegt.

◀ HÄNGENDE GÄRTEN *Rankende Fuchsien, Pelargonien und eine Pantoffelblume.*

DEN BLUMENKASTEN ZUSAMMENSETZEN

3 **Zunächst ein Seitenteil** anschrauben; dabei das andere Seitenteil als Stütze verwenden. Dann das zweite Seitenteil am anderen Ende des Bodens befestigen.

TIPPS & TRICKS

• Für zusätzlichen Halt die Eckverbindungen nach Wunsch vor dem Verschrauben mit Holzleim zusammenkleben.

• Vor dem Verschrauben zweier Holzteile das zweite Stück (ohne Bohrloch) mit einem Vorstecher oder sehr feinen Bohrer »anbohren«, damit das Holz nicht splittert.

4 **Die Längsteile** nacheinander flach auf die Arbeitsfläche legen, die Eckverbindung aus Boden und Seitenteilen darauf setzen und mit dem Bleistift auf der Innenseite entlang des unteren Rands eine Linie ziehen.

5 **Mit dem Bleistift** die Position der Bohrlöcher einzeichnen: jeweils drei entlang der beiden Schmalseiten und vier entlang der Längsseite. Die Schrauben müssen in ausreichendem Abstand zu der Eckverbindung stehen.

6 **Die vorgezeichneten Bohrlöcher** der beiden Längsteile bohren, mit dem Versenkbohrer vertiefen und mit Hilfe der Schrauben am Boden und an den Seitenteilen befestigen.

SCHRAUBEN KASCHIEREN UND DRAINAGE BOHREN

2 Den Blumen-kasten mit der Öffnung nach unten auf die Arbeitsfläche stellen und mit der 13-mm-Bohrspitze Drainagelöcher in den Boden bohren. Ein Blumenkasten dieser Größe benötigt mindestens sechs Löcher.

1 Die Bohrlöcher mit Holz-spachtelmasse füllen, um die Schrauben zu verdecken; eine leichte Wölbung arbeiten und nach dem Trocknen plan abschmirgeln.

HOLZSCHUTZ AUFTRAGEN

Da Blumenkästen aus Holz sowohl vor der Feuchtigkeit des Blumensubstrats als auch vor Regen und Sonne geschützt werden müssen, sollten Sie alle Holzteile auf der Innen- und Außenseite mit einem Holzschutzmittel für den Außenbereich wetterfest streichen. Neben Farben auf Ölbasis, die regelmäßig über der Grundierung aufgetragen werden müssen, können Sie auch dekorative Farbanstriche verwenden wie Antik- und Krakelierlack.

TIPPS & TRICKS

• Für zusätzlichen Schutz den Blumenkasten von innen mit Polyäthylenfolie ausschlagen und mit Drainagelöchern versehen oder einen Kunststoffkasten hineinstellen, so dass sich die Bepflanzung nach Wunsch rasch ändern lässt.

• Den Blumenkasten auf Holzkeile oder spezielle Topfständer stellen, damit das Wasser ungehindert abfließen kann. Das überschüssige Wasser auffangen.

HARMONIE
Holzschutzmittel für den Außenbereich, die die Maserung des Holzes noch durch-schimmern lassen, sind in vielen schönen Farben sowie in natürlichen Holz-tönen erhältlich.

»Vergissmeinnicht«

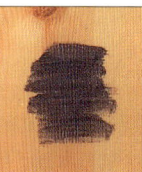

»Veilchenblau«

»Salbeigrün«

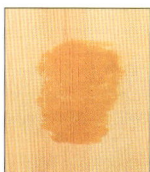

»Sonnenblumengelb«

Tragen Sie die Lasur gleichmäßig und mit der Maserung auf.

DEKORATIVE FARBANSTRICHE

Schlichte Holzkästen wie etwa der Blumenkasten auf S. 31–33 und der Holzkasten auf S. 40–47 erhalten mit Emulsions- oder Acrylfarbe mehr Aus-druckskraft und Struktur und wirken so wesentlich eleganter. Nach dem Trocknen der Farbe eine schützende Schicht Klarlack auftragen.

ANTIK-EFFEKT

MATERIAL

• Holzgrun-dierung und Vorstrichfarbe oder ein Kom-binations-produkt
• olivgrüne Emulsions- oder Acrylfarbe
• kleine Töpfe Acrylfarbe in den Tönen Minzgrün, Blaugrün und Schwarz
• Bronze- oder Kupferfarbe
• matter Klarlack

WERKZEUG

• Pinsel
• Schablonier- oder Stupfpinsel
• Schmierpapier
• Pinselreiniger

1 Das Holz grundieren und vorstreichen. Ein schnell trocknendes Kombinations-produkt ist praktisch.

2 Eine gleichmäßige Schicht oliv-grüne Farbe auftragen. Den Pinsel in langen Strichen mit der Maserung führen. Trocknen lassen.

3 Mit dem Schablonierpinsel die minzgrüne Farbe auf den olivgrünen Grund tupfen. Vollständig trocknen lassen.

4 Ebenso die blaugrüne Farbe in unregelmäßigen Abständen auftragen und vollständig trocknen lassen.

5 Etwas schwarze Farbe mit Blaugrün zu einem dunklen Ton mischen und in unregel-mäßigen »Flecken« auftragen. Vollständig trocknen lassen.

6 Mit der Fingerspitze winzige Tupfen Bronze- oder Kupfer-farbe auftragen. Zum Schluss außen drei und innen zwei Schichten Klarlack auftragen.

TIPPS & TRICKS

• Eventuelle Fehler mit Vorstrichfarbe kaschieren.
• Verwenden Sie erstklassige Qualitätspinsel.
• Viele Baumärkte führen auch eine begrenzte Anzahl von Farben für den Hobbybedarf.

KRAKELIERLACK

MATERIAL
- Holzgrundierung und Vorstrichfarbe
- Acrylfarbe als Untergrund *(hier Gold)*
- Krakelierlack
- Acryl- oder Emulsionsfarbe als Abschluss *(hier Olivgrün)*
- matter oder seidenmatter Klarlack

WERKZEUG
- Pinsel
- Pinselreiniger

1 Das Holz grundieren und vorstreichen. Eine Schicht Goldfarbe parallel zur Holzmaserung auftragen. Trocknen lassen.

2 Eine dicke Schicht Krakelierlack auftragen. Ist der Lack zu dünn, reißt und bricht der letzte Farbauftrag nicht.

3 Dann eine dünne Schicht Olivgrün in gleichmäßigen Strichen auftragen. Den Pinsel immer kräftig in die Farbe tauchen. Beim Trocknen reißt der Lack.

4 Anschließend bis zu drei Schichten Klarlack zum Schutz vor Wettereinflüssen auftragen. Die Innenseite des Blumenkastens mit zwei Schichten Klarlack versiegeln.

SONNENFLECK
Der grün-goldene Krakelee-Effekt des Blumenkastens passt perfekt zu der eleganten Bepflanzung in Grün- und Goldgelbtönen, wobei die ovalen Blätter der Funkie einen schönen Kontrast zu den geteilten Farnwedeln bilden. Mit diesem sonnigen Arrangement lässt sich eine dunkle Ecke aufheitern, da diese Pflanzen im Schatten gut gedeihen.

Mimulus luteus (Gauklerblume)

Polystichum setiferum Divisilobum-Gruppe

Asplenium scolopendrium Cristatum-Gruppe

Hosta ventricosa var. *aureomaculata*

Der Krakelee-Effekt lässt die goldene Farbe unter dem Olivgrün durchschimmern.

DEKORATIVE HOLZABSCHLÜSSE

Schlichte Holzkästen erhalten mit Hilfe von Fußleistenstücken, die auf Gehrung gesägt und von außen gegen die Vorderseite genagelt werden, ein dekoratives »Holzpaneel«, während kurze Rundstabstücke eine Art Wellendekor erzeugen. Die Rundstäbe können darüber hinaus in unterschiedlichen Farben gebeizt oder gestrichen werden. Zum Schluss der Arbeit sollten sowohl die Außen- als auch die Innenseite mit einem Holzschutzmittel geschützt werden.

SCHLICHTER PANEEL-EFFEKT

MATERIAL
- ein Stück Holzfußleiste
- verzinkte Nägel, 20 mm lang

(Länge und Menge richten sich nach der Größe des Holzkastens)

WERKZEUG
- Maßband
- Bleistift
- Gehrlade
- Laubsäge
- Hammer
- Nageltreiber

1 **Auf der Vorderseite** des Kastens ein Rechteck für die Außenseite der Leiste aufzeichnen. Längs- und Querseiten messen und die Maße auf die Außenseite der Fußleiste übertragen.

2 **Mit Hilfe der Gehrlade** die Fußleiste entsprechend sägen. Darauf achten, dass die Schnittkante von der jeweils markierten Stelle zur Innenseite der Fußleiste schräg verläuft.

3 **Die Leistenstücke** auf den Holzkasten legen, die Nägel im Bereich der Rillen ansetzen und mit Hilfe des Nageltreibers einschlagen, so dass die Köpfe versenkt sind.

ABSCHLIESSENDES DEKOR
Farbe oder Holzschutzmittel schützen Holz und können passend zur Farbe von Blüten und Blättern gewählt werden.

Ballota pseudodictamnus

Stachys lanata

Verbena ›Imagination‹

Trifolium repens ›Purpurascens‹

Sutera cordata ›Snowflake‹

DEKOR AUS RUNDSTÄBEN

MATERIAL
- ein Stück Halbrundstab (22 mm)
- ein Stück Türanschlag-leiste (12 x 32 mm) für die Abdeckleiste
- verzinkte Nägel (20 mm lang)

WERKZEUG
- Gehrlade
- Laubsäge
- Bohrgerät und feine Bohrspitzen
- Hammer

1 **Den Rundstab** in gleich lange Stücke schneiden, je nach Höhe des Blumenkastens. Dabei auf 90°-Winkel achten.

2 **An beiden Enden** jedes Rundstabstücks ein feines Loch bohren, damit das Holz beim Festnageln nicht reißt.

3 **Die Rundstäbe** nebeneinander auf die Front des Blumenkastens legen, bis sie die Front vollständig bedecken. Dann festnageln. Anschließend den vorderen Bereich der beiden Seitenteile ebenfalls mit 2–3 Rundstäben verzieren.

4 **Für die Abdeckleiste** zuerst die Maße von der breitesten Stelle der Rundstäbe bis zur Rückseite des Holzkastens nehmen. Die Abdeckleiste in vier Stücke sägen, dabei auf 45°-Winkel achten.

5 **Die Abdeckleiste** auf den Blumenkasten legen und dann festnageln. Zum Schluss den Blumenkasten mit einem Holzschutzmittel oder einer Farbe nach Wunsch streichen.

TIPPS & TRICKS
- In Schritt 2 können Sie auch einen Nagel verwenden, dessen Kopf Sie mit einer Kneifzange abknipsen und den Sie statt der Bohrspitze in der Bohrmaschine einsetzen.
- Für ein besonders rustikales Flair können Sie die Vorderseite Ihres Holzblumenkastens mit massiven Rundhölzern verzieren, die es in verschiedenen Größen und Längen gibt.

HOLZKÄSTEN BEFESTIGEN

Bei Fenstern, deren Fensterläden sich nach außen öffnen, empfiehlt es sich, die Blumenkästen mit Hilfe von Wandhaken sorgfältig zu befestigen. Bei abschüssigen Fensterbänken hilft ein Keil, den Blumenkasten zu halten.

Zusätzliche Sicherheit bietet ein kräftiger Draht, der vor dem Blumenkasten entlanggeführt und mit Stahlösen an der Wand befestigt wird. Unter dem Blumenkasten angebrachte Schalen fangen tropfendes Wasser auf.

KEILE FÜR ABSCHÜSSIGE FENSTERBÄNKE

MATERIAL
- rechtwinklige Holzreste, etwa 30 mm schmaler als der Blumenkasten
- Holzschutzmittel

WERKZEUG
- kleine Wasserwaage
- Bandmaß
- Bleistift
- Reißschiene
- Zwinge
- Laubsäge
- Hammer
- Paneelnägel

1 **Zum Bestimmen** der Fensterbankneigung die Wasserwaage auflegen und an der abschüssigen Seite anheben, bis sie vollkommen waagerecht ist.

2 **Den Spalt** zwischen der Waage und der Vorderkante der Fensterbank messen und notieren. Diese Angabe sagt Ihnen, wie dick das Ende des Keils sein muss.

3 **Das Maß** auf eine Seite des Restholzes übertragen und mit einer dicken Bleistiftlinie (entsprechend der Sägeblattbreite) mit der gegenüberliegenden Ecke verbinden.

4 **Dann entlang** der diagonalen Linie eine zweite, identische Keilform aufzeichnen und beide Keile aussägen. Die Keile ebenso behandeln wie den Blumenkasten.

5 **Die Keile** auf die Unterseite des Kastens nageln; Abstand vom Rand mindestens 20 cm.

BLUMENKÄSTEN AN FENSTERBÄNKEN BEFESTIGEN

MATERIAL
- Wandhalter
- Schrauben
- Haken

WERKZEUG
- Bandmaß
- Bleistift
- Vorstecher
- Schraubendreher

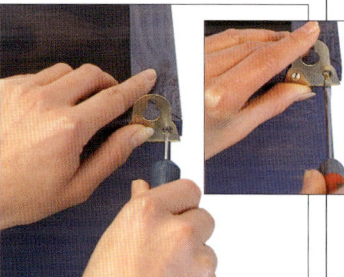

1 **Die Breite** des Fensterrahmens messen; dieses Maß halbieren und auf die Seitenteile des Blumenkastens übertragen, um die Mitte zu finden.

2 **Die Wandhalter** an den Blumenkasten halten und mit dem Vorstecher kleine Löcher vorbohren, damit das Holz nicht reißt. Dann festschrauben.

3 **Den Blumenkasten** auf die Fensterbank stellen und mit dem Haken die Position markieren.

4 **Die Haken** in den Fensterrahmen schrauben und den Blumenkasten auf die Fensterbank stellen; dazu die Öffnung der Wandhalter über die Haken schieben. In den meisten Fällen empfiehlt es sich, den Blumenkasten erst nach dem Anbringen zu bepflanzen.

BEPFLANZUNG
Selbstgefertigte Blumenkästen passen genau auf die Fensterbank und können auf der kompletten Breite des Fensters bepflanzt werden. Hier wurden rosafarbene und pflaumenblaue Stiefmütterchen und Zierkohl für ein winterliches Arrangement gewählt, das auch mit der Farbe des Blumenkastens harmoniert, während der gefleckte Efeu die Ränder der Bepflanzung etwas auflockert.

PFLANZKÜBEL

SELBST GANZ SCHLICHTE QUADRATISCHE HOLZKÜBEL sind im Gartenhandel recht teuer, aber wenn Sie etwas Talent zum Heimwerkern und einen Blick für dreidimensionale Puzzles haben, können Sie sie auch selbst anfertigen. Noch einfacher ist es, wenn Sie die Holzstücke im Baumarkt gleich auf die richtige Länge zuschneiden lassen, dann erfreuen Sie sich bald an einem eigenen Pflanzkübel.

SCHLICHTER HOLZKÜBEL

Dieser Pflanzkübel *(links)* ist aus mehreren Schichten gefertigt, die aufeinander geschraubt werden. Die Schichten bestehen aus zwei langen und zwei etwas kürzeren Seitenteilen.

Beim Aufbau der Schichten werden die Teile abgewechselt – lang über kurz, kurz über lang –, so dass sie sich an den Ecken überlappen und der Pflanzkübel mehr Stabilität erhält.

MATERIAL
- 18 Seitenteile (45 x 4,5 x 4,5 cm)
- 18 Seitenteile (36 x 4,5 x 4,5 cm)
- 2 Bodenlatten (36 x 2 x 2 cm)
- 2 Bodenlatten (32 x 2 x 2 cm)
- 2 Bodenbretter (36 x 14 x 2 cm)
- 1 Bodenbrett (36 x 7,5 x 2 cm)
- 4 Leisten (48 x 7 x 2 cm)
- 4 Holzwürfel für die Füße (4,5 x 4,5 x 4,5 cm)

WERKZEUG
- elektrische Bohrmaschine
- 4-mm-Bohrspitze
- 13-mm-Bohrspitze für die Drainagelöcher
- Laubsäge
- 80 Spanplattenschrauben (Spax) 4,5 x 75
- 30 Spanplattenschrauben (Spax) 4,5 x 35
- Gehrlade
- Schraubendreher
- Reißschiene
- Bleistift und Bandmaß
- Versenkbohrer
- Holzspachtelmasse

AUFBAU DES HOLZKÜBELS

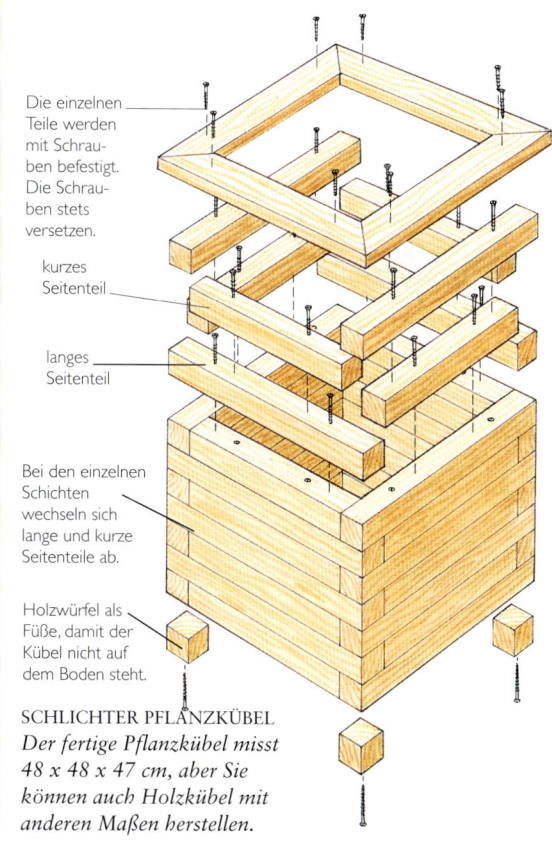

Die einzelnen Teile werden mit Schrauben befestigt. Die Schrauben stets versetzen.

kurzes Seitenteil

langes Seitenteil

Bei den einzelnen Schichten wechseln sich lange und kurze Seitenteile ab.

Holzwürfel als Füße, damit der Kübel nicht auf dem Boden steht.

SCHLICHTER PFLANZKÜBEL
Der fertige Pflanzkübel misst 48 x 48 x 47 cm, aber Sie können auch Holzkübel mit anderen Maßen herstellen.

◄ELEGANT *Die hohen Blütenstiele der Lilien und Hyazinthen im großen Pflanzkübel.*

DIE UNTERSTEN SCHICHTEN

1 **In zwei lange Seitenteile** je 4 Löcher (4-mm-Bohrer) bohren – eines an jedem Ende und zwei auf dem Stück dazwischen. Dann je 2 Löcher in zwei kurze Seitenteile bohren.

2 **Nun 2 lange und 2 kurze,** noch nicht gebohrte Seitenteile zu einem Quadrat zusammensetzen. Mit der Reißschiene die Winkel überprüfen.

Die langen Seitenteile werden auf den kurzen Seitenteilen festgeschraubt.

3 **Die vorgebohrten Seitenteile** exakt auf die Teile der ersten Schicht legen und mit 4,5 x 75-Schrauben zusammenschrauben. So wird der ganze Kübel zusammengesetzt.

4 **Auf der Innenseite** Löcher für Bodenlatten bohren. Die Latten mit 4,5 x 35-Schrauben befestigen.

DIE SEITEN

6 **Mit der Gehrlade** die Abdeckleiste in vier Stücke von 48 cm Länge sägen. An jedem Ende und in der Mitte ein Loch bohren und dieses mit dem Versenkbohrer vertiefen.

7 **Die Abdeckleiste** auf den Pflanz-kübel legen und so lange verschieben, bis die Leiste die Seiten des Pflanz-kübels um 1,5 cm überragt. Dann mit 4,5 x 35-Schrauben befestigen.

5 **Die Seiten** werden wie in Schritt 1 und 3 beschrieben zusammengesetzt: Seitenteile vorbohren, Teile versetzt fest anschrauben. Bei der letzten Schicht nur je zwei Schrauben pro Seitenteil verwenden.

9 **In jedes Boden-brett** mehrere Drainagelöcher bohren (13-mm-Bohrer). Die Bretter auf die Bodenlatten legen, das schmalere Brett in der Mitte platzieren. Der Boden kann herausge-nommen und gegebenenfalls erneuert werden. Die Bohrlöcher in der Abdeckleiste mit Holzspachtelmasse auffüllen und den Kübel von innen und außen mit einer Schicht Lack schützen.

8 **In die Mitte jedes Holz-würfels** ein Loch bohren und mit 4,5 x 75-Schrauben von unten auf die Ecken des Pflanzkübels schrauben.

KLASSISCHER HOLZKÜBEL

Dieser Kübel ist etwas schwieriger. Gehen Sie die einzelnen Schritte zunächst sorgfältig durch, damit der Aufbau des Kübels klar ist. Fertigen Sie zuerst zwei Seitenteile, und setzen Sie diese mit Hilfe der restlichen Teile zusammen. Diese beiden ersten Seitenteile sind ein Paar. Markieren Sie Innen- und Unterseite, und arbeiten Sie dann von oben nach unten.

AUFBAU DES HOLZKÜBELS

DIE METHODE
Statt mit komplizierten Holzverbindungen werden die einzelnen Teile mit Hilfe von Leisten und Schrauben zusammengesetzt (siehe Abbildungen).

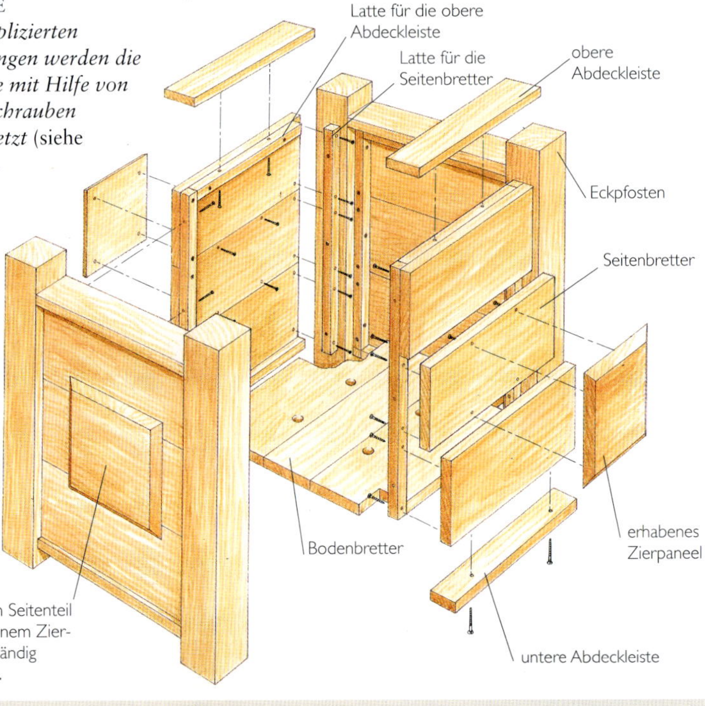

Latte für die obere Abdeckleiste

Latte für die Seitenbretter

obere Abdeckleiste

Eckpfosten

Seitenbretter

erhabenes Zierpaneel

untere Abdeckleiste

Bodenbretter

Zunächst ein Seitenteil samt erhabenem Zierpaneel vollständig fertig stellen.

MATERIAL
- 4 Eckpfosten (54,5 x 7 x 7 cm)
- 8 Latten für die Seitenbretter (43 x 2 x 2 cm)
- 12 Seitenbretter (32 x 14,5 x 2 cm)
- 4 Latten für die obere Abdeckleiste (28 x 2 x 2 cm)
- 4 obere Leisten (32 x 7 x 2 cm)
- 4 untere Leisten (32 x 4,5 x 2 cm)

(Diese Maßangaben beziehen sich auf glattes Holz.)

- 2 Bodenbretter (38 x 14,5 x 2 cm)
- 1 Bodenbrett (38 x 9 x 2 cm)
- 4 Holzquadrate für die erhabenen Zierpaneele (19 x 19 x 2,5 cm)
- 80 Spanplattenschrauben (Spax) 4,5 x 35
- 20 Spanplattenschrauben (Spax) 4,5 x 50

WERKZEUG
- Bleistift
- Bandmaß
- elektrische Bohrmaschine
- 4-mm-Bohrspitze
- Schraubendreher
- Reißschiene
- 13-mm-Bohrspitze für die Drainagelöcher
- kleiner Hobel

Das erste Seitenteil

1 **An zwei Eckpfosten** 5,7 cm unterhalb der Oberkante einen waagerechten Strich ziehen. Von hier eine Mittellinie bis zur Unterkante einzeichnen. Diesen Bereich markieren.

2 **Dann mit der 4-mm-Bohrspitze** je 3 Löcher in 4 Seitenbrettlatten bohren – eins an jedem Ende und eins in der Mitte. Beim Bohren immer ein Stück Restholz unterlegen.

3 **Je 2 Latten** an jeden Eckpfosten anschrauben. Die Latten an der oberen Markierung anlegen und etwas außerhalb des markierten Bereichs platzieren. Zum Befestigen immer 4,5 x 35-Schrauben verwenden. Die Seitenbretter werden später an diese Latten geschraubt.

4 **Anschließend 3 Seitenbretter** nacheinander an die Außenkante der Latte halten, die Maße einzeichnen und pro Brett 2 Löcher bohren.

5 **Die 3 Seitenbretter** auf der Arbeitsfläche nebeneinander legen und an die Latte schrauben. Ebenso an dem anderen Eckpfosten festschrauben.

6 **Dann 2 Löcher** in eine Latte für die obere Abdeckleiste bohren und mit der Oberkante des Seitenteils verschrauben.

7 **Nun von oben** nach unten 2 Löcher durch die Latte für die Abdeckleiste bohren (auf Verbindungsschrauben zum Seitenteil achten!) und die obere Abdeckleiste aufschrauben.

8 **Dann 3 Löcher** in eine der unteren Abdeckleisten bohren und mit 4,5 x 50-Schrauben auf das unterste Seitenbrett schrauben. Dazu das Seitenteil umdrehen.

DIE ZIERPANEELE ANBRINGEN

2 **Die Kanten** bis zur Markierungslinie mit einem kleinen Hobel abschrägen.

1 **Auf allen Seiten** des Zierpaneels, 12 mm von der Kante, eine Linie ziehen. Dieser Bereich soll abgeschrägt werden.

3 **Dann die Position** des Zierpaneels mittig auf der Außenseite des ersten Seitenteils aufzeichnen. Achtung, das Paneel muss in der Mitte sitzen. Die Maserungen abstimmen. Innerhalb des markierten Bereichs 4 Löcher bohren.

4 **Das Zierpaneel** von innen festschrauben. Das zweite Seitenteil samt Zierpaneel ebenso fertig stellen.

DEN HOLZKÜBEL ZUSAMMENSETZEN

1 An je einen Eckpfosten der beiden fertigen Seitenteile 3 Seitenbretter schrauben, so dass zwei Kübelhälften entstehen. Diese Hälften zusammenschrauben.

2 Die restlichen beiden Latten für die obere Abdeckleiste anbringen *(siehe S. 45, Schritt 6)* und die restlichen beiden oberen Abdeckleisten festschrauben.

3 Die beiden letzten unteren Abdeckleisten und die Zierpaneele anschrauben. Bodenbretter mit Drainagelöchern versehen und einlegen. Den gesamten Kübel lackieren.

GEDÄMPFTE TÖNE
Die Farbe dieses Holzkübels rundet ein sorgfältig durchdachtes Farbschema harmonisch ab. Das helle Schieferblau betont die intensive Farbe der Tulpen und des violetten Gartensalbei, während das Giftgrün und die flammenroten Hochblätter der Wolfsmilch einen leuchtenden Kontrast bilden. Nach der Blüte können die Tulpen durch andere Einjährige in ähnlich interessanten Farben ersetzt werden.

STEINTRÖGE

Alte, verwitterte Steintröge, deren graugrüner Farbton mit Flechten und Moos überzogen ist, wirken im Garten schön, sind aber teuer. Aus Kunststoff- oder Styroporkisten lassen sich jedoch sehr preiswert überzeugende Imitate anfertigen. Sie können aus Kunsttuff sogar kleine »Felsbrocken« herstellen und als Gestaltungselement für eine Bepflanzung verwenden – wie etwa bei dem Arrangement auf der gegenüberliegenden Seite.

KUNSTSTOFF-TROG

Waschbecken mit einer Kunsttuff-Beschichtung sind ein traditioneller Ersatz für Steintröge. Eine Kunststoffkiste ist jedoch wesentlich preisgünstiger und überdies leichter. Sehr nützlich sind auch Styroporkisten. Kunsttuff besteht aus einer Mischung von Zement, Sand und Torf oder Torfersatzsubstrat. Rindenmulch ist nicht geeignet.

MATERIAL
- Kunststoffkiste
- 13-mm-Kükendraht
- 12 kunststoffüberzogene Drahtanbinder (6–8 cm Länge)
- Zement
- grober Sand
- Torf oder Torfersatzsubstrat
- Wasser
- Naturjoghurt (oder Jauche)

(Die benötigten Mengen an Zement, Sand, Torf und Kükendraht richten sich nach der Größe der Kunststoffkiste. Angaben zum Mischungsverhältnis siehe folgende Seite.)

WERKZEUG
- Bohrgerät, vorzugsweise elektrische Bohrmaschine
- 13-mm-Bohrspitze für die Drainagelöcher
- Kneifzange oder Drahtzange
- 10-Liter-Eimer, zum Mischen des Kunsttuffs
- Kelle oder Handspaten
- Gummihandschuhe
- Pinsel

VORBEREITUNG DER KISTE

1 **Die Kiste muss** vollkommen sauber und trocken sein. Bei zusammenklappbaren Kisten *(links)* darauf achten, dass alle Teile vollständig aufgeklappt und eingerastet sind. Dann die Höhe und Breite jeder Seite messen, um die benötigte Menge an Kükendraht auszurechnen.

2 **In den Boden der Kiste** mehrere gleichmäßig verteilte Drainagelöcher bohren (je nach Größe der Kiste 4–6 Löcher). Wenn Sie mit einer elektrischen Bohrmaschine auf höchster Stufe arbeiten, splittert der Kunststoff weniger schnell.

◄ FELSLANDSCHAFT *Eine Bepflanzung aus Glockenblumen, Aurikeln, Mauerpfeffer und Steinbrech.*

MIT KÜKENDRAHT UND KUNSTTUFF UMMANTELN

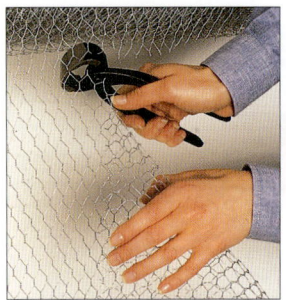

2 Die Kiste von innen und außen in Kükendraht wickeln; dazu den Draht sorgfältig um die Ecken und unter den Boden schlagen. Der Kükendraht sorgt dafür, dass der Kunsttuff an der Kiste haftet.

1 Mit einer Drahtzange den Kükendraht in vier große Teile schneiden, die jeweils die Innen- und Außenseite einer Kistenseite bedecken. Die Teile müssen einander an den Ecken und am Boden um mindestens 8–10 cm überlappen.

4 Den Kunsttuff aus 1 Teil Zement, 1 Teil grobem Sand und 1–2 Teilen Torf oder Torfersatzsubstrat mischen. Die Trockensubstanzen sorgfältig miteinander vermischen und dann langsam so viel Wasser hinzufügen, bis ein relativ steifer Mörtel entsteht.

3 Dann mit den Drahtanbindern die beiden Drahtlagen miteinander verbinden. Auf jeder Seite 2–4 Drahtanbinder verwenden. So bilden sich beim Auftragen des Kunsttuffs keine Hohlräume.

TIPPS & TRICKS

• Beim Auftragen des Kunsttuffs die Kiste auf Ziegelsteine stellen.
• Den Kunsttuff an der Luft trocknen lassen – je langsamer, desto besser. Sie können ihn auch in Klarsichtfolie oder feuchtes Juteleinen wickeln.
• Nicht bei Minusgraden arbeiten.

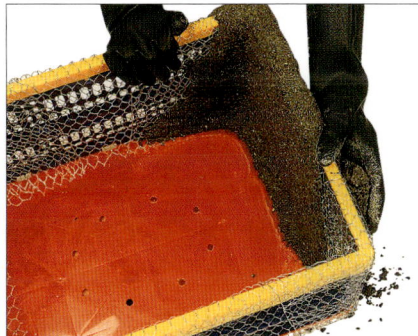

5 **Kunsttuff von innen und außen** durch den Kükendraht drücken, so dass sich beide Drahtlagen zu einer soliden Wand verbinden. Den Boden jedoch nicht vollständig bedecken. Die Oberfläche immer wieder glätten, damit sich keine Risse bilden.

6 **Den Kunsttuff vollständig** trocknen lassen (etwa 2–3 Tage) und anschließend mit Joghurt (oder Jauche) bestreichen, um das Algenwachstum zu fördern. So erhält der Trog ein natürlicheres Aussehen.

KUNSTTUFF-FELSEN

Felsen tragen sehr zum Erscheinungsbild von Gärten in Steintrögen bei; aber statt sie ihrer natürlichen Umgebung zu entnehmen, sollten Sie lieber eigene »Felsbrocken« herstellen. Denn es bleibt immer etwas Kunsttuff übrig. Füllen Sie einfach etwas Kunsttuff in eine Plastiktüte *(siehe rechts)*, und formen Sie ihn zu einem Felsbrocken. Den »Felsen« langsam trocknen lassen; kurz bevor er vollständig aushärtet, sollten Sie sein Erscheinungsbild mit einigen Spalten und Rissen naturgetreu gestalten.

DIE GEEIGNETE BEPFLANZUNG
Ihre Pflanzenwahl hängt von der Größe des Trogs und seinem zukünftigen Standort ab. Diese Lavendelpflanzen passen gut zu einem großen Trog an einem sonnigen Platz. Stein-gartenpflanzen (siehe S. 76–77) mit kurzen Wurzeln gedeihen gut in flachen Trögen.

Herstellung eines Kunstfelsens

TROG AUS FASERZEMENT

Wenn man eine Styroporkiste mit Zement verkleidet, der wiederum mit Verstärkungsfasern versetzt ist, erhält man einen stabilen, aber leichten Trog mit guten Dämmeigenschaften. Die Kisten bekommen Sie am besten bei Ihrem Fischhändler und die vielfach für den Bau von Gartenteichen verwendeten Verstärkungsfasern in Gartencentern. Sie müssen den Trog nicht streichen, aber ein Hauch Farbe sorgt für Abwechslung.

MATERIAL
- Styroporkiste
- PVAC-Leim (nicht PVA)
- Zement
- grober Sand
- Verstärkungs-fasern
- Wasser
- Mauerfarbe

WERKZEUG
- Bohrgerät oder Messer
- 4–6 Korken
- Ziegelsteine als Unterlage für die Kiste
- großer Eimer
- Gummihand-schuhe

HERSTELLUNG DES TROGS

1 Mit einem Messer oder Bohrgerät mehrere Drainagelöcher in den Boden der Kiste bohren und die Korken so in die entstandenen Öffnungen drücken, dass sie auf der Unterseite der Kiste etwa 2 cm herausragen.

2 Die Kiste umdrehen und auf die Ziegelsteine stellen; dann von außen mit einer dicken Schicht PVAC-Leim versehen und etwas antrocknen lassen, bis der Anstrich klebrig wird. In der Zwischenzeit die Zementmischung anrühren.

3 Zwei Teile Zement und 1 Teil Sand mischen. Dann eine Hand voll Fasern auseinander rupfen und unter die Mischung arbeiten. Anschließend so viel Wasser hinzufügen, dass ein steifer Mörtel entsteht.

4 Die gesamte Kiste mit einer 1–1,5 cm dicken Schicht Zementmischung verkleiden. Während des Auftragens die Oberfläche immer wieder glätten. Sobald der Zement etwas gehärtet ist, die Kiste wieder umdrehen.

6 **Den Trog** mit einer Farbe für den Außenbereich streichen, sobald der Zement vollständig ausgehärtet ist. Zum Schluss die Korken aus den Drainagelöchern entfernen.

TIPPS & TRICKS

• Die Oberfläche des Trogs wird noch glatter, wenn Sie vor dem Auftragen der Farbe die abstehenden Enden der Fasern abbrennen.

• Da die Fasern die Zementmischung in hohem Maße verstärken, darf die Verkleidung relativ dünn (etwas mehr als 1 cm) ausfallen. Sie wird nicht reißen oder abplatzen.

• Wenn Sie eine (sorgfältig ausgespülte) Kiste von Ihrem Fischhändler verwenden, wird es einige Zeit dauern, bis der Fischgeruch verschwindet.

5 **Die Zementmischung** mit einem feuchten Tuch abdecken. Rand und oberen Innenbereich der Kiste mit PVAC-Leim bestreichen und antrocknen lassen. Dann bis kurz unterhalb der Pflanztiefe mit der Mischung auskleiden.

DIE PASSENDE BEPFLANZUNG

Für flache Tröge eignen sich am besten kleine Glockenblumen, Schaf-garbe und Mauerpfeffer. Die hier ebenfalls verwendete Diascia *ist nicht winterhart und muss im folgenden Jahr durch frische Pflanzen ersetzt werden. Achten Sie auf ein sehr durchlässiges Substrat* (siehe S. 55).

Campanula
carpatica ›Isabel‹

Thymus vulgaris
›Silver Posie‹

Campanula
carpatica ›Jewel‹

Acaena
saccaticupula
›Blue Haze‹

Scutellaria
indica var.
parvifolia

Diascia
›Lilac Belle‹

Achillea x lewisii
›King Edward‹

Sedum
spathulifolium
›Cape Blanco‹

Thymus
›Doone
Valley‹

PFLANZUNG UND LAUFENDE PFLEGE

HEGE UND PFLEGE VON KÜBELPFLANZEN

IM GEGENSATZ ZU PFLANZEN IM GARTEN benötigen Kübelpflanzen regelmäßig Wasser und Dünger. Da aber regelmäßiges Gießen zu einer Verdichtung des Bodens führt, empfiehlt sich die Verwendung spezieller Topferden *(siehe S. 55)*, die recht durchlässig sind und ausreichend Luft, Feuchtigkeit und Nährstoffe enthalten, damit die Pflanze ungehindert wachsen kann. Zur Verbesserung der Drainage sollten Sie die Töpfe auf Keile oder spezielle Topfständer stellen.

VORBEREITUNG

Achten Sie darauf, dass der Boden Ihres Kübels genügend Drainagelöcher hat – bei der Verwendung von improvisierten oder selbst gefertigten Pflanzgefäßen müssen Sie möglicherweise selbst einige Löcher bohren. Es ist sehr wichtig, dass die Wurzeln nie unter Staunässe leiden. Bedecken Sie den Boden des Kübels mit Tonscherben o. Ä., und stellen Sie den Kübel auf Topfständer oder Keile, um das Pflanzgefäß etwas zu erhöhen. Gegen vorzeitiges Austrocknen sollte man Wasser speicherndes Granulat unter das Substrat mischen. Da bei großen Kübeln viel Oberflächenerde der Sonne ausgesetzt ist, kann man Kiesel untermischen oder mit Kies oder Schotter die Oberfläche abdecken, um so die Feuchtigkeit zu halten.

SCHOTTER

STYROPOR

Das Granulat saugt Wasser auf.

TONSCHERBEN HINZUFÜGEN
Tonscherben dienen traditionell als Abdeckung für die Drainagelöcher am Boden des Pflanzgefäßes; Sie können aber auch Schotter, Kieselsteine oder Styropor verwenden.

WASSER SPEICHERNDES GRANULAT
Wenn Sie Wasser speicherndes Granulat sorgfältig unter das Pflanzsubstrat mischen, helfen Sie Ihren Pflanzen, kurze »Dürreperioden« zu überstehen.

DAS GEEIGNETE PFLANZSUBSTRAT

Da Erde aus Ihrem Garten möglicherweise Schädlinge, Würmer, Unkrautsamen oder sogar Krankheitserreger enthält, sollten Sie sie auf keinen Fall für Ihre Kübelpflanzen nehmen, sondern stattdessen die im Handel erhältlichen Topferden und Pflanzsubstrate verwenden. Diese Substrate sind für spezielle Verwendungszwecke konzipiert (z. B. für Bäume und Sträucher) und enthalten genau die benötigte Menge an Nährstoffen und Drainagematerial, um während eines bestimmten Zeitraums ein gesundes Pflanzenwachstum zu fördern. Topferden auf Lehmbasis bestehen aus spezieller sterilisierter Erde von idealer Struktur und Zusammensetzung. Substrate sind relativ leicht, trocknen jedoch rasch aus und sind nur schwer wiederzubefeuchten.

Bei der Kübelkultur können Sie auf die Bedürfnisse jeder Pflanze individuell eingehen. So lassen sich Pflanzen, die im Garten nicht gedeihen wollen, in einem Kübel vielleicht doch zum Wachstum anregen.

VERSCHIEDENE PFLANZSUBSTRATE

EINHEITSERDE
(TOPFERDE AUF LEHMBASIS)

Im Handel sind Einheitserden auf Lehmbasis erhältlich, die sich für Langzeitbepflanzungen eignen, da der Lehm die Nährstoffe über einen beträchtlichen Zeitraum speichert. Bietet sich besonders für Bäume und Sträucher wie etwa *Fatsia japonica (rechts)* und Stauden an.

UNIVERSALERDE

Auf Torfkultur- oder Torfersatzsubstrat basierende Universalerde eignet sich besonders für Einjährige wie etwa Tagetes *(rechts)* und Pflanzen in Blumenkästen, die nach wenigen Monaten durch frische Exemplare ersetzt werden. Diese Substrate sind leicht und pflegeleicht; allerdings trocknen sie rasch aus.

ERIKEN-SUBSTRAT

Kalk fliehende Pflanzen wie Rhododendron, Lavendelheide und einige Erika-Arten benötigen ein saures »Eriken«-Substrat. Und bei manchen Pflanzen wie etwa Hortensien *(rechts)* bewirkt Kalk eine Veränderung der Blütenfarbe. Wenn also blaue Sorten weiterhin blau blühen sollen, nimmt man Eriken-Substrat.

STEINGARTENSUBSTRAT

Es enthält viel groben Kies, um die sehr gute Drainage zu gewährleisten, die für Steingartenpflanzen wie *Androsace (rechts)* besonders wichtig ist. Sie können auch Kies unter eine Topferde auf Lehmbasis mischen. Decken Sie den Topf mit grobem Kies ab, damit die Triebe nicht durch zu viel Feuchtigkeit faulen.

KÜBELPFLANZEN EINTOPFEN

KLEINE BÄUME, STRÄUCHER UND STAUDEN bleiben meist über einen längeren Zeitraum in ihrem Kübel und benötigen daher ein Pflanzsubstrat mit vielen Nährstoffen sowie einen ausreichenden Kübel, damit sich ihre Wurzeln kräftig entwickeln können. Einjährige und kleine Zwiebelgewächse sorgen als Unterpflanzung für zusätzliche Farbenpracht.

STRÄUCHER EINTOPFEN

Wenn Sie einen einzelnen Strauch benötigen, der als Solitärpflanze sofort zur Geltung kommen soll, dann empfiehlt es sich, eine zwei bis drei Jahre alte Pflanze zu wählen, die in einem großen Topf gezogen ist. Der neue Kübel muss standfest und so groß ausfallen, dass er unter dem Wurzelballen und an den Seiten mindestens 5–8 cm Platz für frisches Substrat und eine zusätzliche Schicht Drainagematerial bietet. Vor dem Eintopfen den Kübel sorgfältig wässern und abtropfen lassen.

1 **Den Kübel** mit etwas Substrat füllen und mit Hilfe des alten Topfs überprüfen, ob die Pflanze genügend Platz haben wird.

2 **Den Wurzelballen** an den Seiten und unten vorsichtig etwas auflockern, den Strauch langsam in den Kübel senken und andrücken.

3 **Dann Substrat** hinzufügen, bis die Pflanze sicher steht. Am oberen Rand genügend Platz zum Gießen lassen. Zum Schluss gut gießen.

UNTERPFLANZUNG FÜR STRÄUCHER

Einige schnellwüchsige Sträucher (wie etwa die Lavendelheide, rechts) benötigen ein großes Pflanzgefäß wie beispielsweise halbierte Fässer. Solange der Strauch noch klein ist, können Sie farbenfrohe Einjährige dazu pflanzen, die dank ihrer flachen Wurzeln mit ihm nicht konkurrieren. Für einen sonnigen Winterstandort eignen sich besonders winterblühende Stiefmütterchen, die in dem für die Lavendelheide erforderlichen Eriken-Substrat ebenfalls gut gedeihen. Im Sommer steht Ihnen eine Auswahl zur Verfügung.

Das Fass muss von innen und außen wasserdicht versiegelt werden.

Der Boden braucht mehrere Drainagelöcher.

ZWIEBELGEWÄCHSE IN VOLLER BLÜTE

Viele Zwiebelpflanzen wie Narzissen kann
man in 3–4 Lagen setzen. So entsteht eine
üppige Blütenpracht. Über den Rand wach-
sender Efeu mildert die Konturen des Kübels,
und Stiefmütterchen sorgen für eine erste
Blüte, wenn die Narzissen gerade heranreifen.

Eine dichte Bepflanzung mit
Narzissen bietet eine
farbenfrohe Blütenpracht.

Winterblühende
Stiefmütterchen

Efeu als Rand-
bepflanzung

Die Zwie-
beln in leicht
versetzten
Schichten
setzen.

Tonscherben

1 **Im Querschnitt:** Drainage-
schicht, 3 Lagen Blumen-
zwiebeln und die Ober-
flächenbepflanzung.

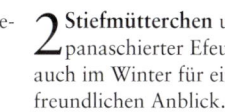
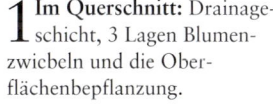

2 **Stiefmütterchen** und
panaschierter Efeu sorgen
auch im Winter für einen
freundlichen Anblick.

3 **Im Frühling** bilden die
Narzissen einen leuch-
tenden Blütenteppich über
Stiefmütterchen und Efeu.

GEMISCHTE BEPFLANZUNG

Im Frühling gesetzte ausdauernde Pflanzen
und Kräuter erfreuen den ganzen Sommer
über. Im Herbst müssen sie geteilt und
umgetopft werden. Am besten platzieren Sie
die größten Gewächse in die Mitte des
Gefäßes und setzen rankende Pflanzen an
den Rand, damit sie sich über den Kübel-
rand ergießen können.

Heuchera
micrantha
›Palace Purple‹

Penstemon
›Rich Ruby‹

Artemisia
›Powis Castle‹

◄ ZEIT ZUM UMTOPFEN
*Die Anordnung der
Pflanzen vorher
festlegen. Dann
einpflanzen,
andrücken und gut
gießen.*

► WUNDERSCHÖNE BLÜTENPRACHT
*Diese Bepflanzung besteht aus
Gewächsen mit kontrastierenden
Blattfarben und -formen. Die meisten
Stauden vertragen einen Rückschnitt.*

Geranium
sanguineum
var. striatum

LAUFENDE PFLEGE

PFLANZEN IN KÜBELN benötigen regelmäßige Pflege. Dazu gehört auch Gießen, denn Regenwasser allein reicht meist nicht aus. Das Substrat sollte immer feucht, aber nicht vollständig durchnässt sein. Verwenden Sie am besten einen leicht zu dosierenden Flüssigdünger mit hohem Stickstoffanteil für Blattpflanzen und mit hohem Kaliumgehalt für Blütenpflanzen.

GIESSEN UND DÜNGEN

Im Sommer sollte möglichst morgens oder am späten Abend gegossen werden, da über Tag zuviel Feuchtigkeit verdunstet und die Wassertropfen auf den Blättern wie Brenngläser wirken. Mischen Sie Langzeitdünger unter das Substrat, und verwenden Sie alle vierzehn Tage einen Tomatendünger.

LANGZEITDÜNGER

Gießen Sie am besten immer direkt das Pflanzsubstrat, da das Wasser von den Blättern abperlt.

GIESSTECHNIK
Halten Sie das Substrat stets feucht, oder füllen Sie etwas Wasser in einen Untersetzer.

DIE BEPFLANZUNG ERNEUERN

Ersetzen Sie verblühte Pflanzen durch andere Exemplare mit einer späteren Blütezeit oder interessantem Blattwerk. Sie können auch einige Zwiebelgewächse hinzufügen, um die Bepflanzung über einen längeren Zeitraum abwechslungsreich zu gestalten.

VERWELKTE BLÜTEN ENTFERNEN
Abknipsen verwelkter Blüten fördert die Bildung neuer Blüten.

Vertrocknete Blätter sollten regelmäßig entfernt werden.

Immergrüne Blattpflanzen wie dieser Efeu sind das ganze Jahr über schön.

1 **Verblühte Pflanzen** müssen vorsichtig entfernt werden. Verwelkte Blüten weiterhin regelmäßig entfernen, um die Bildung neuer Blüten anzuregen.

2 **Dann etwas frisches Substrat** hinzufügen, die Löcher mit Pflanzen oder Blumenzwiebeln füllen, behutsam andrücken und sorgfältig gießen.

DAS SUBSTRAT ERNEUERN

Die meisten ausgewachsenen Sträucher können mehrere Jahre in ihrem Topf verbleiben, wenn man im Frühling die oberste Substratschicht durch frische, mit Langzeitdünger vermischte Erde ersetzt.

Das Substrat verliert seine Nährstoffe.

KOPFDÜNGUNG
Die obere Substrat-schicht (etwa 5 cm) entfernen und bis zur gleichen Höhe durch frische, mit Langzeit-dünger vermischte Erde ersetzen.

WINTERSCHUTZ

Viele Kübelpflanzen sind nicht winterhart. Pflanzen, deren Blattwerk abstirbt, können im Schuppen oder der Garage überwintern; andere benötigen einen geschützten, hellen Standort.

✱✱✱ Selbst winterharte Pflanzen müssen in Kübeln vor Frost geschützt werden. Stellen Sie sie am besten auf die Seite des Hauses, die den meisten Schutz bietet, und setzen Sie sie bis zum Rand in ein Beet und decken sie mit Stroh ab.

✱✱ Halbwinterharte Pflanzen müssen im Kalt-haus oder Kalten Kasten überwintern. Manche Pflanzen können auch im Freien bleiben, wenn man den Kübel zum Schutz der Wurzeln in Sackleinen oder Luftpolsterfolie wickelt. Bei Yuccas und Neuseeländer Flachs auch die Blätter auf diese Weise schützen.

✱ Frostempfindliche Pflanzen sowie Exoten (z. B. Zitrusgewächse) sollten den Winter im Gewächshaus oder Wintergarten verbringen.

UMTOPFEN

Wenn eine Pflanze ihrem Kübel entwächst, verliert sie an Kraft und zeigt Mangel-erscheinungen wie etwa gelbe Blätter. Ob sie wirklich umgetopft werden muss, erkennt man an den Wurzeln.

Verwachsenes Wurzelwerk bedeutet, dass die Pflanze einen ein bis zwei Nummern größeren Topf braucht. Der neue Kübel muss sauber sein, damit keine Krank-heitskeime übertragen werden.

1 Die Pflanze auf die Seite legen, auf den Rand des Topfes klopfen und die Pflanze behutsam an den Stämmen aus dem Behälter ziehen.

2 Verwachsene Wurzeln vorsichtig ausdünnen und dicke Wurzeln etwa um ein Drittel zurück-schneiden; die faserigen Wurzeln jedoch nicht kürzen.

3 Den Boden des neuen Kübels mit Tonscherben bedecken, Erde hinzufügen und die Pflanze einsetzen. Dann die Ränder auffüllen und andrücken. Kletterpflan-zen benötigen eine Rankhilfe.

HOCHSTÄMMCHEN

HOCHSTÄMMCHEN IN KÜBELN verleihen Innenhöfen, Terrassen und Türein-
gängen eine elegante Note. Sie benötigen einen attraktiven, aber stand-
festen Kübel, dessen Größe und Stil zur Pflanze passen sollten. Ausgewachsene
Hochstämmchen müssen regelmäßig zurückgeschnitten und in der Wachstums-
periode häufig gedüngt werden.

HOCHSTÄMMIGE FUCHSIEN

Strauchartige Pflanzen wie Fuchsien wachsen
schnell und bringen weiche Triebe hervor,
die zu Hochstämmchen kultiviert werden
können. Seitensprosse und Wachstumsspitze
(sobald sich die Krone bildet) werden hierzu
einfach mit Daumen und Zeigefinger
abgeknipst. Beginnen Sie mit einer jungen,
etwa 15 cm großen Pflanze. Es dauert ca.
6 Monate, bis ein Fuß- oder Viertelstamm
(45 cm Stammhöhe) erreicht ist, und ein
Hochstamm (100 cm) braucht 18 Monate.

ÜPPIGE BLÜTEN-
PRACHT
*Wählen Sie eine stark-
wüchsige, reich
blühende Fuchsie.
Entfernen Sie
alle alten Blätter
vom Stamm.*

GEEIGNETE PFLANZEN

Argyranthemum frutescens
Hängende Chrysanthemen
Helichrysum petiolare
Heliotropium arborescens (Sonnenwende)
Lantana camara
Solenostemon scutellaroides (Buntnessel)

1 **Alle Seitensprosse**
in den Blattachseln
abknipsen und den
Stamm an einem Stab
befestigen, damit er
aufrecht wächst.

2 **Mit dem Ab-**
knipsen fort-
fahren, so dass ein
langer, gerader Stamm
entsteht. In einen
größeren Topf setzen.

3 **Wenn die Pflanze**
drei Blattpaare
höher ist als
gewünscht, dann
knipsen Sie die
Wachstumsspitze ab.

4 **Die Spitzen der**
Seitensprosse am
oberen Ende ebenfalls
abknipsen, damit sie
sich verzweigen. So
entsteht ein Busch.

HOCHSTÄMMIGE BÄUMCHEN

Viele Bäumchen wie etwa Zitrus- und Lorbeerbäumchen sind als Hochstämmchen erhältlich, aber auch recht teuer. Mit etwas Geduld können Sie sie jedoch auch selbst erziehen, was relativ mühelos ist, allerdings mehrere Jahre dauert. Nehmen Sie eine junge, gesunde Pflanze mit aufrechtem Mittelleittrieb, und binden Sie sie an einen Stab, der etwas länger ist als die gewünschte Stammhöhe.

GEEIGNETE BÄUME UND STRÄUCHER

Brugmansia (Engelstrompete)
Zitrusbäume: Moschuslimette
(Citrus x Citrofortunella
microcarpa), Citrus x meyeri
›Meyer‹, *Citrus aurantium*
(Pomeranze)

Laurus nobilis (Lorbeer)
Pittosporum
Nerium oleander
Syringa meyeri
Viburnum tinus

Den Stamm bis auf ein kräftiges Auge kurz unterhalb des oberen Stabendes kürzen.

Die Seitensprosse um drei bis fünf Blätter kürzen. Auf diese Weise fortfahren, bis sich eine wohlgeformte Krone entwickelt.

Der Stab fördert ein langes, gerades Wachstum.

Die Blätter an den gekürzten Sprossen nähren und stärken den Stamm.

Vier kräftige, nicht zu dicht wachsende Triebe auswählen, aus denen sich die Krone bilden soll.

Alle Seitenäste am Stamm zurückschneiden; die Blätter am Stamm fallen von selbst ab.

Die Spitzen ausgeizen, damit die Krone buschiger wird.

Die Moschuslimette wächst in Eriken-Substrat besonders gut.

1 **Den Stamm** an einen Stab binden. Auf gewünschter Höhe die Spitze entfernen. Seitensprosse erst um ein Drittel kürzen, dann ganz.

2 **Vier kräftige Triebe** zur Krone heranwachsen lassen, dann zurückschneiden, damit sie sich verzweigen. Seitensprosse ebenfalls kürzen.

EIN AUSGEWACHSENES HOCHSTÄMMCHEN
Der Stab kann entfernt werden, sobald der Stamm verholzt und die Pflanze sich gut entwickelt.

PFLANZEN FORMEN

KLEINBLÄTTRIGE EFEUPFLANZEN erzieht man mit Draht zu »Formbäumchen«. Buchsbäume oder Eiben schneidet man in die gewünschte Form. Formen Sie die Pflanzen mit Hilfe von Gestellen aus Bambusstäben zu Säulen-, Kegel- oder sogar Fächerformen, während sich Kletterpflanzen über Haselnusszweige, Drahtobelisken oder Weidenrutenballons ranken.

FORMSCHNITT UND ERZIEHUNG

Schöne »Formbäumchen« entstehen mit Efeu an einem Drahtgestell. Die Triebe müssen regelmäßig festgebunden oder zurückgeschnitten werden. Verwenden Sie fertige oder selbst gemachte Formen, z. B. aus Kükendraht. Versuchen Sie doch einmal, Kükendraht zu dreidimensionalen Gestalten zu biegen *(siehe S. 13)*. Die gleichen Gestelle erleichtern aber die Arbeit auch beim traditionellen Formschnitt.

> ▶ SEEPFERDCHEN
> *Für das Seepferdchen wurde kunststoffüberzogener Draht in die entsprechende Form gebogen. Weitere Drahtstreben verleihen Stabilität und Halt.*

GEEIGNETE PFLANZEN

Buxus sempervirens ›**Suffruticosa**‹ ♀ (Buchs)
Hedera helix ›Bill Archer‹ (kleinblättriger Efeu)
Hedera helix ›Goldheart‹ (syn. ›Oro di Bogliasco‹) (goldgefleckter Efeu)
Taxus baccata ♀ (Eibe)

FORMSCHNITT MIT HILFE EINES GESTELLS

1 **Das Gestell** über die Pflanze (hier eine Eibe) setzen und fest in die Erde drücken. Zur Anregung eines buschigen Buchses, der den Rahmen ausfüllt, die Spitzen aller Triebe zurückschneiden.

2 **Dann die Spitzen** entlang der Konturen des Gestells zurückschneiden, um die Form herauszuarbeiten. Für kleine, detaillierte Formen am besten eine Gartenschere statt einer Heckenschere verwenden.

3 **Die ausgewachsene Pflanze** bildet einen dichten Wuchs und bedeckt das Gestell. Sie muss je nach Form mindestens 3–4 Mal im Jahr geschnitten werden, damit die Konturen exakt erhalten bleiben.

HELICHRYSUM-KEGEL

Durch regelmäßiges Ausgeizen *(siehe S. 60)*
lassen sich wuchernde Pflanzen wie hier
Helichrysum petiolare zu einem dichten
Blattkegel erziehen. Diese schnell wachsende
Pflanze erreicht innerhalb einer Wachstums-
periode die Spitze eines Bambusstabzeltes
von einem Meter Höhe. In kalten Regionen
im Gewächshaus überwintern.

Die Haupt-
triebe mit
feinem Garten-
zwirn an den
Stäben
festbinden.

Seitensprosse bis auf ein
Auge in Höhe des Randes
abknipsen, damit sie nicht
über die Form ragen.

FLORALER EFFEKT

Während *Helichrysum* auf
Grund der Blätter besonders
geschätzt wird, bilden sich bei
Fuchsien und Efeupelargonien
zahlreiche Blütenknospen, die
den ganzen Kegel bedecken,
wenn man die Seitensprosse
nicht mehr abknipst.

1 Drei Jungpflanzen in
einen Topf pflanzen,
drei Bambusstäbe ein-
setzen und die auf-
rechten Haupttriebe
daran festbinden.
Dann alle Seitensprosse
in Höhe des Topfrandes
abknipsen.

Die Seiten-
sprosse einmal
wöchentlich
abknipsen, um
eine konische
Form und
einen buschigen
Wuchs zu
erzielen.

Sobald die Pflanze die
gewünschte Höhe
erreicht, kürzen.

Hier abknipsen,
damit der Kegel
eine glatte
Kontur erhält.

2 Die Stäbe zu einem Zelt
zusammenbinden. Die
Haupttriebe immer wieder
festbinden und Seitensprosse
abknipsen. Den Topf in einen
dekorativen Übertopf stellen.

FERTIGER KEGEL
*Dieser Kegel wurde nicht mehr
abgeknipst, um ihn natürlich
erscheinen zu lassen; er könnte
auch mit einer Heckenschere in
Form geschnitten werden.*

PFLANZEN FÜR KÜBEL

Diese Auswahl von Pflanzen wurde anhand der Größe von Pflanzgefäßen zusammengestellt. Es gibt jedoch keine festen Regeln, und letztendlich sollte die Bepflanzung von Gefäßen immer Ihren individuellen Anforderungen entsprechen.

🔲 *bevorzugt Sonne* 🔲 *bevorzugt Teilschatten* 🔲 *verträgt Schatten* **H., Br.** *geschätzte Höhe und Breite*
❊❊❊ *Winterhart* ❊❊ *Halbwinterhart* ❊ *Frostempfindlich* ♀*RHS Award of Garden Merit*

GROSSE BEPFLANZUNGEN

VIELE DER FOLGENDEN BÄUME, Sträucher und Kletterpflanzen eignen sich gut als Solitärbepflanzungen für große Kübel, die sehr standfest sein sollten und regelmäßig frisches Substrat benötigen. Allerdings sind nicht alle winterhart und brauchen daher in kalten Regionen im Winter einen geschützten Standort.

Abutilon pictum
›**Thomsonii**‹ (Schönmalve)
Strauch mit orangefarbenen Blüten und gefleckten Blättern. Benötigt einen geschützten, sonnigen Standort; im Winter ins Gewächshaus stellen. Die *Abutilon* ›Souvenir de Bonn‹ ♀ hat cremeweiß geränderte Blätter.
🔲, H. 1,2–2 m, Br. 1 m, ❊

Acer palmatum (Fächerahorn)
Kleiner, laubwechselnder Baum, der besonders in einem glasierten Kübel eine japanische Atmosphäre erzeugt. *A. palmatum* ›Dissectum Atropurpureum‹ *(siehe S. 17)* hat fast fedrige Blätter. Benötigt einen windgeschützten Standort.
🔲, H. 1,2 m, Br. 1,5–2 m, ❊❊❊

Aralia elata ♀
Attraktiver Solitärbaum für einen halbschattigen Standort. *A.* ›Variegata‹ hat cremeweiß geränderte Blätter.
🔲, H. 3 m, Br. 2 m, ❊❊❊

BRUGMANSIA AUREA

Brugmansia (Engelstrompete, Datura)
Die großen, cremefarbenen Blüten verströmen einen betörenden Duft, wobei *B. aurea* abends am schönsten duftet. Selbst im Kübel blüht die Pflanze gelb, weiß oder rosafarben. Die immergrüne Pflanze benötigt im Winter einen warmen Standort. Giftig! 🔲, H. 2 m, Br. 1–2 m, Min. 7 °C

Buxus sempervirens (Buchs)
Diese Pflanze eignet sich gut für Formschnitte *(siehe S. 13, 62)* und Wegeinfassungen. Der schwach wachsende Strauch entwickelt dicht verzweigte Triebe mit kleinen, immergrünen Blättern.
🔲, H. bis zu 2,5 m, Br. bis zu 1 m, ❊❊❊

CONVOLVULUS CNEORUM

Camellia japonica (Kamelie)
Eignet sich gut für eine
Kübelbepflanzung mit Eriken-
Substrat vor einer geschützten
West- oder Nordwand. Im
Handel sind zahlreiche Sorten
mit Blüten in verschiedenen
Rot- und Rosatönen sowie
Weiß erhältlich.
❏✹, H. 2 m, Br. 1 m, ✱✱✱

Citrus
Sehr dekorative und in warmen
Regionen ertragreiche kleine
Bäume oder Sträucher mit süß
duftenden, weißen Blüten,
denen bald die ersten Früchte
folgen. C. × meyeri ›Meyer‹ ist
eine kompakte Zitronenhybride;
C. × Citrofortunella microcarpa,
die Moschuslimette, trägt
kleine, dekorative Früchte, die
kandiert werden können. In
kalten Regionen im Winter ins
Gewächshaus stellen.
❏, H. bis zu 2 m, Br. bis zu
1,5 m, Min. 3–5 °C

Convolvulus cneorum ♀
(Silberwinde)
Sonnenliebender Strauch mit
silbrigen Blättern und weißen
Blüten. Die etwas anspruchs-
volle Pflanze benötigt einen

durchlässigen Boden und im
Winter einen Windschutz.
❏, H. 45 cm, Br. 60 cm, ✱✱

Cordyline australis ♀
(Keulenbaum)
Palmenartiger Baum, der
hervorragend in eine urbane
Umgebung passt. Einige Sorten
besitzen gestreifte oder blaue
Blätter. Die Pflanze verträgt
einen halbschattigen Standort,
benötigt im Winter in kalten
Regionen aber einen geschütz-
ten Platz im Gewächshaus.
❏, H. 2–3 m, Br. 1–1,2 m, ✱

Cupressus torulosa
›Cashmeriana‹ ♀
Sehr elegante Konifere mit
herabhängenden, blauen
Nadeln. In kalten Regionen
im Winter ins Gewächshaus
oder den Wintergarten stellen.
❏, H. 3 m, Br. 1,5 m, ✱

Cycas revoluta ♀
Architektonisch anmutende,
exotische, palmenartige
Pflanze. Die C. revoluta
stammt aus Japan und sollte in
kalten Regionen im warmen
Gewächshaus überwintern.
❏, H. 1–2 m, Br. 1–2 m, Min.
7–10 °C

× FATSHEDERA LIZEI

FATSIA JAPONICA

Eriobotrya japonica ♀
(Japanische Mispel)
Attraktiver, immergrüner
Strauch oder kleiner Baum mit
großen, geäderten, ledrigen
Blättern. An einem geschützten
Standort folgen den im Herbst
duftenden, weißen Blüten im
Frühling orangefarbene,
essbare Früchte.
❏, H. 2–3 m, Br. 2–3 m, ✱✱

× **Fatshedera lizei** ♀
(Efeuaralie)
Immergrüner Strauch mit
großen, efeuartigen Blättern
und weiß-grünlichen Blüten;
lässt sich gut an einer senkrech-
ten Kletterhilfe hochziehen.
Eine sehr tolerante Pflanze, die
auch widrige Lebens-
bedingungen wie Luftver-
schmutzung und Schatten
verträgt.
❏✹, H. bis zu 2 m, Br. 1 m, ✱✱

Fatsia japonica ♀
(Zimmeraralie)
Wuchernder, architektonisch
anmutender, immergrüner
Strauch für einen geschützten
schattigen Innenhof, mit
großen, stark gelappten,
glänzenden Blättern.
❏, H. 1,5 m, Br. 1m–1,2 m, ✱✱

HYDRANGEA MACROPHYLLA
›BLUE WAVE‹

Hydrangea macrophylla

Diese Hortensienart sieht besonders schön in Holzkübeln aus. Da die Pflanze nur in saurem Boden blaue Blüten entwickelt, lässt sich anderer Boden mit Erika-Substrat für blaue Hortensien kultivieren. Die Blütenköpfe der als »Lacecap-Hortensien« bezeichneten Sorten wie die der ›Blue Wave‹ *(oben)* setzen sich aus sterilen und fruchtbaren Blütchen zusammen. Fest verwurzelte Pflanzen im Frühling zurückschneiden, dabei jeden vierten alten Blütenzweig bis zur Basis kürzen und die anderen verblühten Blütenköpfe bis zum nächsten Blattauge entfernen.
◻◻, H. 1 m, Br. 1,8 m, ✳✳✳

Ilex crenata

Attraktive Stechpalme mit glänzenden, ovalen, dunkelgrünen Blättern. Eignet sich gut als ganzjährige Bepflanzung. Die Sorte ›Convexa‹ ♀ wächst sehr dicht und hat zahlreiche glänzende, schwarze Früchte.
◻, H. 2 m, Br. 1 m, ✳✳✳

Lantana (Wandelröschen)

Immergrüner Strauch mit attraktiven, manchmal zweifarbigen Blüten. Kann als Hochstämmchen gezogen werden *(siehe S. 60)* und benötigt im Winter einen warmen Standort.
◻, H. 1 m, Br. 1 m, Min. 10 °C

Laurus nobilis

(Lorbeerbaum) ♀
Attraktiver, immergrüner Strauch oder kleiner Baum. Seine Blätter werden als Gewürz verwendet. Der Lorbeer bevorzugt einen warmen Standort an einer sonnigen Mauer; er eignet sich gut für Formschnitte und kann auch zu einem Hochstämmchen kultiviert werden *(siehe S. 22, 61)*.
◻, H. 2–3 m, Br. 1–2 m, ✳✳

Lavandula (Lavendel)

Aromatische, pflegeleichte Pflanze. *L. angustifolia* bringt neben den typischen blauvioletten Blüten auch rosa oder weiße Blüten hervor. Die Sorte ›Hidcote‹ ♀ ist besonders kompakt und trägt dichte, violette Blütenähren.
L. stoechas (Schopflavendel; *siehe S. 9*) ist empfindlicher und benötigt im Winter einen geschützten Standort. Alle Lavendelarten bevorzugen einen durchlässigen Boden und sollten im Frühling so

LANTANA ›TANGERINE‹

MYRTUS COMMUNIS

zurückgeschnitten werden, dass noch etwas grüner Wuchs zurückbleibt.
◻, H. 60 cm, Br. 1 m, ✳✳✳

Myrtus communis ♀

(Brautmyrte)
Kleiner, aromatischer Strauch, der eine Sitzecke mit seinem zarten Duft erfüllt. Im Winter vor kaltem Wind schützen. *M. communis* subsp. *tarentina* ♀ zeichnet sich durch kleinere Blätter und eine rundere Wuchsform aus.
◻, H. 1 m, Br. 1 m, ✳✳

Nerium oleander (Oleander)

Im Sommer verleihen die Büschel rosa, roter oder weißer Blüten, die den schmalblättrigen Strauch oder kleinen Baum *(siehe S. 61)* bedecken, selbst Stadtgärten mediterranes Flair. In kalten Regionen im Gewächshaus überwintern. Giftig! ◻, H. 2 m, Br. 1–1,5 m, Min. 2–5 °C

Phormium tenax ♀

(Neuseeländer Flachs)
Attraktive Blattpflanze mit aufrechten, schwertförmigen Blättern. Einige Sorten haben bronzefarbene oder gestreifte

Blätter, z. B. die bronzefarbene ›Dazzler‹ mit roten, orange- und rosafarbenen Streifen, während die Blätter der ›Variegatum‹ ♀ cremegelbe Ränder aufweisen. In kalten Regionen an einen geschützten Standort bringen und den Kübel in Luftpolsterfolie oder Sackleinen wickeln.
◻, H. bis zu 2 m, Br. bis zu 1 m, ✴✴

Rosa (Rose)
Als Kübelbepflanzung eignen sich am besten kleine Floribundarosen oder Zwergrosen, die häufig als »Patio-Rosen« bezeichnet werden und viel Platz für die langen Wurzeln benötigen. Die orange-goldenen Rosen der ›Sweet Magic‹ ♀ verströmen einen zarten Duft, und ›Stacey Sue‹ ♀ zeichnet sich durch leuchtend rosafarbene Blüten aus.
◻, H. bis zu 45 cm, Br. bis zu 40 cm

Rosmarinus officinalis (Rosmarin)
Aromatischer Strauch für einen sonnigen, geschützten Standort – die nadelartigen Blätter eignen sich gut zum Würzen von Grillfleisch. ›Prostratus‹ ♀ rankt sehr hübsch über den Rand eines Kübels, ist jedoch frostempfindlicher als andere Sorten. Die Pflanzen benötigen einen durchlässigen Boden und überwintern gern an einem geschützten Standort.
◻, H. bis zu 1 m, Br. 1 m, ✴✴

Salix caprea ›Kilmarnock‹ ♀ (Salweide)
Kleine »Trauerweide« *(siehe S. 16)*, deren nackte Zweige im Frühling mit Kätzchen bedeckt sind. Ein Pflanzgefäß in dezenten Farben und eine Reihe von Schneeglöckchen runden das Bild ab.
◻, H. 1,5–2 m, Br. 2 m, ✴✴✴

Viburnum tinus (Schneeball)
Zuverlässiger Strauch, der Schatten verträgt und auch als Hochstämmchen kultiviert werden kann *(siehe S. 61)*. Blüht im Winter weiß vor immergrünen Blättern. Für etwas Farbe im Sommer mit Einjährigen unterpflanzen.
◻◻, H. 1,2 m, Br. 1,2 m, ✴✴✴

Yucca
Immergrüne, exotische Pflanze für einen sonnigen Standort *(siehe S. 27)*, die einen durchlässigen Boden bevorzugt. *Y. filamentosa* ♀ ist relativ klein und winterhart, während *Y. gloriosa* ♀ und die gelbgestreifte ›Variegata‹ größer und etwas empfindlicher sind und wie der Neuseeländer Flachs *(siehe links)* vor Frost geschützt werden sollten.
◻, H. bis zu 1,5 m, Br. bis zu 1 m, ✴✴✴

KLETTERPFLANZEN FÜR KÜBEL UND TÖPFE

Ipomoea tricolor ›Heavenly Blue‹ ♀ (Purpurwinde)
An einem sonnigen Standort öffnen sich jeden Morgen eine Fülle von attraktiven, azurblauen, trichterförmigen Blüten. Am besten behandelt man die schnellwüchsige Pflanze wie eine Einjährige und zieht sie auf der Fensterbank aus Samen; später mehrere Pflanzen in einen großen Kübel setzen.
◻, H. 3 m, Min. 7 °C

Lathyrus odoratus (Wohlriechende Wicke)
Diese in vielen Farben erhältliche Einjährige erfüllt den Kübelgarten vom Sommer bis zum Frühherbst mit ihrem betörenden Duft und lässt sich auch aus Samen ziehen. Regelmäßiges Entfernen verwelkter Blüten verlängert die Blütezeit. Die ›Bijou‹ ist kleiner und benötigt kaum Kletterhilfen, duftet aber weniger.
◻, H. bis zu 2 m, ✴✴✴

Plumbago auriculata ♀ (Bleiwurz)
Immergrüner, kletternder Strauch mit himmelblauen Blüten vom Sommer bis zum Spätherbst, solange die Wurzeln nicht zu feucht werden. In kalten Regionen im Wintergarten oder Gewächshaus überwintern.
◻◻, H. 3 m, Br. 1–3 m, ✴

LATHYRUS ›NOEL SUTTON‹

PFLANZEN IN GRUPPEN

DIE SCHÖNSTEN KÜBELGÄRTEN sind eine Kombination verschiedener Kübel mit unterschiedlichen Pflanzen. So können die Bedürfnisse der Pflanzen berücksichtigt werden. Außerdem lassen sich weitere Pflanzen problemlos hinzufügen oder entfernen, ohne die Wurzeln der restlichen Bepflanzung zu beschädigen.

FUCHSIA ›LADY THUMB‹

Agapanthus (Schmucklilie)
Die meist relativ winterharten Pflanzen können kurz vor Beginn der Blütezeit an ihren Standort gebracht werden; aber in kalten Regionen empfiehlt es sich, die Kübel während des Winters in einen Schuppen zu stellen oder in den Boden zu versenken.
▣, H. bis zu 1 m, Br. bis zu 60 cm, ✳✳

Chrysanthemum
(Chrysantheme)
Chrysanthemum rubellum, eine attraktive Kübelpflanze für den Spätsommer oder Frühherbst, ist in einer Vielzahl von Farben erhältlich.
▣, H. 60 cm, Br. bis zu 60 cm, ✳✳✳

Eucomis bicolor (Schopflilie)
Dieses ausdauernde Zwiebelgewächs benötigt im Winter den Schutz eines Schuppens oder Kalten Kastens.
▣, H. bis zu 60 cm, Br. bis zu 30 cm, ✳✳

Fuchsia (Fuchsie)
Die im Frühling in einer Vielzahl von Farben und Formen erhältlichen Fuchsien blühen den ganzen Sommer. Als Hochstämmchen gezogen *(siehe S. 60)*, verleihen sie dem Kübelgarten zusätzliche Höhe. Die meisten Sorten benötigen einen geschützten, aber ungeheizten Standort zum Überwintern.
▣, H. bis zu 60 cm (als Strauch), Br. bis zu 60 cm, ✳✳

Galtonia candicans
(Riesenhyazinthe)
Im Spätsommer blühendes Zwiebelgewächs mit weißen, röhrenförmigen Blüten *(siehe S. 40)*. In kalten Regionen den Kübel vor Frost schützen oder die Zwiebeln während des Winters herausnehmen.
▣, H. 1–1,2 m, Br. 10 cm, ✳✳✳

Helianthus annuus
(Sonnenblume)
Am besten eignen sich kleinwüchsige Sorten dieser einjährigen Pflanzen wie etwa ›Music Box‹ mit cremegelben bis dunkelroten Blüten, die man leicht aus Samen ziehen kann.
▣, H. 45 cm, Br. 45 cm, ✳✳✳

Lilium (Lilie)
Am besten eignen sich hohe Töpfe, in die man die Zwiebeln in zwei- bis dreifacher Zwiebelhöhe einsetzt. Die meisten Lilien bevorzugen kalkarmes Eriken-Substrat. Kleinwüchsige Lilien sind pflegeleichter als große Sorten, die sorgfältig abgestützt und gelegentlich

INTERESSANTE SUKKULENTEN

Sukkulenten kommen besonders in Terrakottatöpfen gut zur Geltung. Diese Pflanzen benötigen einen sandigen, gut durchlässigen Boden.

Aeonium arboreum ♀
Eine der größeren Sukkulenten. Die ausdauernde Pflanze im Wintergarten oder geheizten Gewächshaus überwintern lassen.
▣, H. 60 cm, Br. 1 m, Min. 10 °C

Echeveria elegans ♀
Die silber-blauen Blattrosetten weisen manchmal rote Ränder auf. Am besten als Einjährige und eignet sich für flache Schalen.
▣, H. 5 cm, Br. 50 cm, Min. 7 °C

LILIUM ›STAR GAZER‹

mit einem Kalidünger gedüngt
werden sollten. Im Hoch-
sommer verströmt z. B. die
weiße *L. regale* ihren Duft.
Die Hybriden asiatischer Arten
duften zwar kaum, sind aber
pflegeleicht: ›Connecticut
King‹ mit leuchtend gelben,
langlebigen Blüten; ›Enchant-
ment‹, orange und klein-
wüchsig. Auch die relativ
große, duftlose, rosarote ›Star
Gazer‹ blüht zu dieser Zeit. Im
Spätsommer folgen *L.
auratum* ♀ und die hohe *L.
speciosum* ♀, die beide
angenehm duften, aber etwas
anspruchsvoller sind.
H. bis zu 1,2 m, ✳✳✳

Tulipa (Tulpe)

Tulpen sind in einer großen
Vielzahl von Sorten erhältlich,
die vom Frühling bis zum
Frühsommer blühen *(siehe
S. 11, 19)*. Einige kleinstielige
Sorten wie die scharlachrote
›Fusilier‹ und die rosa-creme-
farbene ›Heart's Delight‹
eignen sich gut für Fenster-
bänke. Die Tulpenzwiebeln
nach der Blütezeit herausnehmen und – falls möglich –
in den Garten setzen.
H. bis zu 60 cm, ✳✳✳

INTERESSANTE BLATTPFLANZEN

Asplenium scolopendrium
(Hirschzungenfarn)
Die glänzenden, immer-
grünen Farnwedel heitern
schattige Gartenecken auf.
H. 45–70 cm,
Br. 60 cm, ✳✳✳

Chionochloa conspicua
(Hunangemoho-Gras)
Ziergras mit Büscheln
rotbrauner Blätter. Ent-
wickelt sich innerhalb von
zwei bis drei Jahren zu
einer schönen Solitär-
pflanze. Im Winter vor
Feuchtigkeit schützen.
H. 1,2 m, Br. 1 m, ✳✳

Hakonechloa macra
›Aureola‹
Krautiges Gras, das sich
zu struppigen Büscheln
aus gelben Blättern ent-
wickelt, die im Herbst eine
rötliche Tönung an-
nehmen.
H. 35 cm, Br. 40 cm,
✳✳✳

Heuchera micrantha
›Palace Purple‹ ♀
Die großen, fast metallisch
schimmernden, violetten
Blätter *(siehe S. 15)*
wirken in einem Kübel
besonders attraktiv. Im
Sommer erscheinen kleine,
weiße Blütenähren.
H. bis zu 45cm,
Br. 45cm ✳✳✳

Hosta (Funkie)
Die wegen ihrer dekora-
tiven Blätter beliebten
Funkien – deren Größe
und Farbe stark variieren
kann – eignen sich gut zur

Bepflanzung von Kübeln an
schattigen Standorten *(siehe
S. 11)*. Manche Sorten haben
cremeweiß oder gelb pana-
schierte Blätter, während
andere fast blau schimmern.
H. bis zu 60 cm, Br. bis zu
60 cm, ✳✳✳

Polystichum setiferum
(Schildfarn)
Immergrüner Farn mit
büschelartig angeordneten
Wedeln. Auf Grund seiner
zierlichen und zugleich
architektonisch anmutenden
Ausstrahlung ist er besonders
im Winter von großem Wert.
H. 45 cm, Br. 45 cm, ✳✳✳

Sasa palmata f. nebulosa ♀
Kübel sorgen dafür, dass
Bambus sich nur innerhalb
der gesetzten Grenzen
ausbreitet. Diese Bambusart
hat breite Blätter, die im
Winter vor Wind geschützt
werden sollten. Sobald die
Pflanze den Kübel ausfüllt,
teilen.
H. 1,8 m, Br. unbegrenzt

POLYSTICHUM SETIFERUM

GEMISCHTE KÜBEL

DIE KOMBINATION VERSCHIEDENER PFLANZEN in einem großen Kübel erzeugt zwar eindrucksvolle Arrangements, erfordert aber auch etwas Planung, denn alle Pflanzen müssen die gleichen Ansprüche haben. Außerdem sollten sie nicht alle zur gleichen Zeit blühen.

Argyranthemum
(Strauchmargerite)
Eine leuchtende, immergrüne Sommerpflanze, die sich zu einem Hochstämmchen ziehen lässt *(siehe S. 60)*. In kalten Regionen im Gewächshaus überwintern oder jedes Jahr neue Pflanzen kaufen. Im Handel sind zahlreiche Margeriten erhältlich: ›Jamaica Primrose‹ ♈ mit gelben Blüten; ›Vancouver‹ ♈, mit rosa Blüten, die später cremegelb werden.
▣, H. bis zu 70 cm, Br. bis zu 70 cm, ✳

Ballota pseudodictamnus ♈
(Gottvergess)
Bildet Hügel aus wollig behaarten, graugrünen Blättern mit rosa-weißen Blütchen im Frühling und Frühsommer. Benötigt gut durchlässigen Boden.
▣, H. 45 cm, Br. 45 cm, ✳✳✳

ARGYRANTHEMUM FRUTESCENS

Begonia semperflorens
Kompakte Pflanzen mit teilweise bronzefarbenen Blättern. Die Cocktail-Serie ♈ zeichnet sich durch gute Wetterbeständigkeit aus. Am besten behandelt man Begonien als Einjährige; die jungen Pflänzchen jedoch erst nach draußen setzen, sobald keine Frostgefahr mehr besteht.
▣, H. 20–30 cm, Br. 30 cm, Min. 13 °C

Celosia argentea
(Hahnenkamm)
Die fedrigen, häufig leuchtend roten oder goldgelben Blütenschöpfe dieser vorzugsweise als Einjährige behandelten Pflanze ragen hoch über die hellgrünen Blätter hinaus. Die Farbpalette der ›Fairy Fountains‹ reicht von Rosa und Lachsrosa bis zu Hellgelb.
▣, H. 40 cm, Br. 35 cm, ✳

Diascia
Zur Kübelbepflanzung geeignete Staude mit langer Blütezeit und großer Farbpalette, die nicht immer winterhart ist. Die rosa Blüten der *D. rigescens* ♈ stehen in dichten Ähren und ragen über das Pflanzgefäß hinaus. ›Ruby Field‹ hat dunkelrosa, weit geöffnete Blütenähren, während sich ›Lilac Belle‹ gut mit silbrigblättrigen Pflanzen wie der *Ballota* kombinieren lässt.
▣, H. 15–30 cm, Br. bis zu 50 cm, ✳✳

GERBERA JAMESONII

Gerbera jamesonii
Die leuchtend scharlachroten Blüten erscheinen vom Spätfrühling bis zum Spätsommer. Obwohl es sich um eine ausdauernde Pflanze handelt, sollte sie in kalten Regionen wie eine Einjährige behandelt werden.
▣, H. 30–45 cm, Br. 60 cm, Min. 5 °C

Helichrysum petiolare ♈
Die kriechenden Triebe passen gut zu gemischten Bepflanzungen. Wenn man sie an Bambusstäben hochzieht, bilden sie einen dichten Blattkegel *(siehe S. 63)*. ›Limelight‹ hat limonengrüne Blätter und braucht viel Sonne. Triebe, die andere Pflanzen überwuchern, sorgfältig zurückschneiden.
▣, H. bis zu 30 cm, Br. 1 m, ✳

Heliotropium arborescens
(Sonnenwende)
Da sie im Sommer betörend
duftende, violettblaue Blüten
hervorbringt, pflanzt man sie
am besten in der Nähe einer
Sitzecke oder in einem Blumen-
kasten, so dass ihr Duft auch
ins Haus getragen wird. Die
Sonnenwende wird meist als
Einjährige behandelt.
◫, H. 45 cm, Br. 30–45 cm, ✳

Hyacinthus orientalis
(Hyazinthe)
Die im Frühjahr weißen, hell-
bis dunkelblauen, gelben,
orange- oder rosafarbenen
Blütenähren verleihen immer-
grünen Arrangements zusätz-
liche Farbe und einen zarten
Duft. Die Zwiebeln nach der
Blütezeit in den Garten setzen.
◫◫, H. 20–30 cm, Br. 8 cm,
✳✳✳

Impatiens walleriana
(Fleißiges Lieschen)
Blüht selbst im Schatten den
ganzen Sommer. Die Farb-
palette der Tempo-Serie reicht
von Violett, Lavendelblau,
Orange, Rosa und Rot bis hin
zu zweifarbigen oder anders-
farbig geränderten Blüten. Am
besten behandelt man Fleißige
Lieschen als Einjährige; die
Pflänzchen nach dem Frost
setzen.
◫, H. 45 cm, Br. 45 cm,
Min. 10 °C

Matthiola incana (Levkoje)
Die Ten-Week-Serie hat gefüllte Blüten in den Farben
Karmesinrot, Rosa, Lavendelblau, Violett und Weiß. Die
ähnliche Cinderella-Serie ist
etwas kleinwüchsiger. Am
besten als Einjährige behandeln.
◫, H. bis zu 60 cm, Br. bis zu
30 cm, ✳✳✳

WINTER- UND FRÜHLINGSPFLANZEN

Mit immergrünen Pflanzen
lässt sich ein ganzjähriges
»Gerüst« für Pflanzthemen
anlegen: Im Herbst setzt
man Zwiebelgewächse da-
zwischen und im Sommer
verleihen Immergrüne den
anderen Beetpflanzen
Struktur.

Zwiebelgewächse
Krokus, *Galanthus* (Schneeglöckchen), Iris, *Muscari*
(Traubenhyazinthe) und
Narzisse; Hyazinthe siehe
links. Zwiebelgewächse am
besten wie Einjährige
behandeln und möglichst
nach der Blüte in den
Garten setzen.

Brassica oleracea
(Zierkohl)
Eine einjährige Pflanze, die
sich gut für herbstliche
Bepflanzungen eignet und
bis in den Winter hinein
sehr attraktiv wirkt.
◫, H. und Br. bis zu 45 cm,
✳✳✳

Erica carnea
(Schneeheide)
Immergrüne Heidearten
eignen sich sehr gut für
Kübel. Die Schneeheide gibt
es in vielen Farben und
bevorzugt ein kalkarmes,
saures Eriken-Substrat.
◫, H. 15 cm, Br. 45 cm, ✳✳✳

Euonymus fortunei
(Kletter-Spindelstrauch)
Immergrüner, niedrig-
wüchsiger Strauch mit
ledrigen, häufig panaschierten
Blättern. Die Blätter der

HEDERA HELIX ›GOLDHEART‹

›Emerald 'n' Gold‹ ♀ haben
gelbe Ränder, die im Winter
rosa überhaucht wirken.
◫◫◫ H. 40 cm, Br. 60 cm,
✳✳✳

Hebe pinguifolia ›Pagei‹ ♀
Diese Pflanze bildet attraktive Hügel aus kleinen,
blaugrünen Blättern.
◫, H. 30 cm, Br. 90 cm, ✳✳✳

Hedera helix, (Efeu)
Für Blumenkästen eignen
sich am besten kleinblätt-
rige Sorten, die über den
Rand herabhängen.
◫. H. bis zu 3 m,
Br. unbegrenzt, ✳✳✳

Vinca minor (Kleines
Immergrün)
Immergrüne Pflanze mit
rankenden Trieben. Die
Farbpalette reicht von
Violett bis zu Weiß. Auf die
wuchernde *V. major* sollten
Sie besser verzichten.
◫◫, H. 10–20 cm,
Br. 60 cm ✳✳✳

Mimulus (Gauklerblume)
Pflegeleichte Pflanze, die in vielen leuchtenden Farben erhältlich ist. Am besten wie eine Einjährige behandeln. Dagegen ist *M. luteus* eine starkwüchsige, wuchernde Staude mit rot- oder violettgetupften, gelben Blüten, die sich gern aus ihrem Kübel befreit und selbst im Garten aussät.
▨▨, H. 30 cm, Br. bis zu 60 cm, ✳✳✳

Nicotiana (Tabakpflanze)
Insbesondere während der Abendstunden duftende Blütenpflanze, die im Halbschatten gedeiht. Die Domino-Serie hat attraktive Farben. Da die Pflanzen der Starship-Serie kleiner sind und auch ungünstige Wetterbedingungen vertragen, eignen sie sich gut für Blumenkästen; ihre Farbpalette umfasst auch Weiß und Limonengrün. Am besten behandelt man sie als Einjährige; die jungen Pflänzchen jedoch erst nach draußen setzen, sobald keine Frostgefahr mehr besteht.
▨, H. bis zu 45 cm, Br. bis zu 30 cm, ✳

PETUNIA CARPET SERIES

Osteospermum
Lang blühende Pflanze mit einfachen, margeritenenähnlichen Blüten, die sich aber nur an einem sonnigen Standort öffnen. Die ›Nairobi Purple‹ ist kleinwüchsig und hat violette Blüten, während sich die ›Buttermilk‹ ♀ durch primelgelbe Blüten mit bläulicher Mitte auszeichnet. Am besten im Gewächshaus überwintern oder im Frühling neue Pflänzchen kaufen.
▨, H. bis zu 45 cm, Br. bis zu 45 cm, ✳

Pelargonium (Pelargonie)
Eine der klassischen Kübelpflanzen *(siehe S. 30)*. Zu den am besten geeigneten gehört die Zonal-Pelargonie, die fälschlicherweise häufig als »Geranie« bezeichnet wird, z. B. die Sorte ›Dolly Varden‹ ♀ *(links)*. Pelargonien erhält man in einer Vielzahl von Farben von Rosa, Rot, Mauve, Orange und Weiß bis hin zu zwei farbigen Blüten, wobei die Blätter manchmal panaschiert sind. Am Rand eines Blumenkastens sehen Efeu-Pelargonien gut aus. Die Pflanzen während des Winters am besten im

Gewächshaus oder einem ungeheizten Raum aufbewahren.
▨, H. bis zu 40 cm, Br. 20–25 cm, Min. 2 °C

Petunia (Petunie)
Die Petunie zählt zu den beliebtesten einjährigen Kübelpflanzen, da moderne Hybriden fast immer gedeihen. Die Carpet-Serie *(links)* ist kompakt, und ihre Farbpalette umfasst kräftige Rot- und Violett-Töne. Im Handel sind zahlreiche junge Pflänzchen erhältlich, darunter auch gefüllte Sorten sowie Petunien mit weiß gestreiften oder weiß geränderten Blüten.
▨, H. 20–25 cm, Br. 30–90 cm, ✳

Salpiglossis sinuata (Trompetenzunge)
Einjährige mit kräftig geäderten Blüten in wunderschönen Farben einschließlich Bronzeschatierungen, die vom Sommer bis zum Herbst erscheinen. Die Casino-Serie ♀ umfasst kompakte, buschige Pflanzen, die sehr wetterbeständig sind.
▨, H. 45 cm, Br. 30 cm, ✳

PELARGONIUM ›DOLLY VARDEN‹

SALPIGLOSSIS SINUATA

SENECIO CINERARIA

Salvia (Salbei)
Die leuchtend rote, einjährige
S. *splendens* verleiht Sommer-
bepflanzungen eine farbenprächtige Note. Neben der
kompakten und lang blühenden
›Scarlet King‹ ♀ sind noch
zahlreiche andere Sorten
erhältlich. S. *coccinea* zeichnet
sich durch weniger dichte
Blütenähren aus.
◫◫, H. bis zu 40 cm, Br. bis
zu 35 cm, ✳

Senecio cineraria
(Kreuzkraut)
Die filzigen, silbrigen Blätter
des Kreuzkrauts lassen die
Farbenpracht benachbarter
Blüten noch besser zur
Geltung kommen. Kreuzkraut
benötigt einen gut durch-
lässigen Boden; im Gewächs-
haus überwintern oder im
Frühling neue Pflänzchen
kaufen.
◫, H. 30 cm, Br. 60 cm, ✳✳

Solenostemon scutellaroides
(Buntnessel)
Eine Blattpflanze, die besonders
auf Grund ihrer vielfarbigen,
grünen, cremeweißen, roten
und kakaobraunen Blätter
geschätzt wird. Man behandelt

sie am besten wie eine Einjährige oder nimmt sie gegen
Ende des Sommers ins Haus
und kultiviert sie als Zimmer-
pflanze. Die Pflanzen der
Wizard-Serie sind buschig und
kompakt.
◫, H. 20 cm, Br. bis zu 60 cm,
Min. 4 °C

Stachys byzantina
(Wollziest)
Staude mit wollig behaarten,
silbernen Blättern und lila
Blütenähren *(siehe S. 36)*.
Auf Grund ihres wuchernden
Wuchses sollte man sie nach
der Blütezeit im Kübel in den
Garten pflanzen.
◫, H. bis zu 45 cm, Br. bis zu
45 cm

Tagetes (Studentenblume)
Pflegeleichte, kleine Einjährige
mit gelben, orange- und
mahagonifarbenen Blüten,
deren farnähnliches Blattwerk
aromatisch duftet. Während
im Handel auch eine Fülle von
Sorten mit gefüllten Blüten
erhältlich ist, besitzt die
›Naughty Marietta‹ *(unten)*
einfache Blüten.
◫, H. 30–40 cm, Br. 30 cm, ✳

TAGETES ›NAUGHTY MARIETTA‹

Tropaeolum
(Kapuzinerkresse)
Farbenprächtige Einjährige,
die den ganzen Sommer und
Herbst blüht und attraktiv
über den Rand von Kübeln
und Blumenkästen hinaus-
wuchert. Die Alaska-Serie ♀
hat einfache Blüten sowie
cremeweiß getupfte Blätter, die
gefüllten oder halbgefüllten
Blüten der Jewell-Serie
leuchten in Gelb, Apricot,
Scharlach- oder Karmesinrot.
›Peach Melba‹ ist eine halb-
gefüllte, cremeweiße Sorte.
Die Kapuzinerkresse lässt sich
problemlos aus Samen ziehen,
die direkt in den Topf gesät
werden, in dem die Pflanze
später gedeihen soll. Ihre
essbaren Blüten und Blätter
sind leicht pfeffrig.
◫, H. bis zu 30 cm, Br. bis zu
45 cm, ✳

Verbena (Eisenkraut)
Diese meist als Einjährige
kultivierte Pflanze eignet sich
gut zur Randbepflanzung. Die
in vielen Farben erhältlichen
Blüten erscheinen vom
Sommer bis zum Herbst und
duften teilweise zart. Im
Winter an einen geschützten
Standort stellen.
◫, H. 30 cm, Br. 30–50 cm, ✳

Viola (Stiefmütterchen)
Stiefmütterchen sind aus-
dauernde Pflanzen, die aber
meist als Ein- oder Zwei-
jährige kultiviert werden. Sie
gedeihen sowohl an
halbschattigen als auch an
sonnigen Standorten, blühen
aber länger, wenn sie nicht
direkt in der Sonne stehen.
Winterblühende Stiefmütterchen benötigen viel Licht.
◫◫, H. bis zu 25 cm, Br. bis
zu 30 cm, ✳✳✳

STEINGARTENPFLANZEN

D IE MEISTEN STEINGARTENPFLANZEN BENÖTIGEN einen sehr durchlässigen Boden *(siehe S. 55)*. Verwenden Sie nur Pflanzen, deren Ansprüche an einen sonnigen oder schattigen Standort übereinstimmen, und teilen Sie alle Gewächse, die zu wucherndem Wuchs neigen.

ANDROSACE CARNEA SUBSP. LAGGERI

Acaena (Stachelnüsschen)
Niedrige, kriechende Immergrüne mit geteilten, filigranen Blättern. ›Blue Haze‹ *(siehe S. 53)* hat blaugraue Blätter. *A. microphylla* ist kleiner mit bronzefarbenen Blättern.
▨, H. bis zu 15 cm, Br. 30 cm, ✳✳✳

Achillea x lewisii ›King Edward‹ ♀
Die flachen, zitronengelben Blütenköpfe überragen im Sommer ein Büschel aus farnähnlichen, weichen, graugrünen Blättern *(siehe S. 53)*.
▨, H. 8–12 cm, Br. 25 cm, ✳✳✳

Androsace carnea
(Alpenmannsschild)
Immergrüne Steingartenpflanze, die sich hervorragend als

Randbepflanzung eignet. Die Unterart *laggeri* hat lockere Blütenköpfe aus tiefrosa Blüten. Benötigt einen sehr durchlässigen Boden.
▨, H. 5 cm, Br. 8–15 cm, ✳✳✳

Arenaria balearica
(Sandkraut)
Flachwüchsige Staude mit winzigen, glänzenden, immergrünen Blättern die dichte Matten bilden. Die kleinen sternförmigen, weißen Blüten erscheinen den ganzen Sommer. Das Sandkraut eignet sich hervorragend für einen Miniatur-Steingartenrasen im Trog an einem schattigen Standort.
▨, H. 1–2 cm, Br. 30 cm, ✳✳✳

Artemisia schmidtiana
›Nana‹ ♀ (Zwergwermut)
Immergrüne Staude, die einen besonders durchlässigen Boden benötigt. Am besten in einen sonnigen Trog pflanzen und zusätzlich etwas Kies unter das Blumensubstrat geben.
▨, H. 8 cm, Br. 30 cm, ✳✳✳

Campanula (Glockenblume)
Viele der kleinen Glockenblumenarten eignen sich gut für Tröge. die meisten blauen, weißen oder auch violetten Blüten erscheinen im Sommer *C. poscharskyana* hat kleine, blaue Blüten und bildet immergrüne Matten; sie neigt zu wucherndem Wuchs und sollte regelmäßig geteilt werden. *C. raineri* ist klein und flach-

wüchsig und benötigt einen schattigen Standort. Verwelkte Blüten regelmäßig entfernen und zum Schutz vor Schneckenfraß das Substrat mit einer Deckschicht Kies versehen.
▨▨, H. bis zu 15 cm, Br. 30 – 45 cm, ✳✳✳

Crocus (Krokus)
Diese vertrauten Frühlingsboten benötigen einen sonnigen Standort. Die Sorten von *C. chrysanthus*, wie etwa ›Gipsy Girl‹ *(unten)* eignen sich gut für Tröge mit durchlässigem Boden. ›Snow Bunting‹ ♀ ist cremeweiß mit hellgrauen Zeichnungen, ›Cream Beauty‹ ♀ duftet zart und ›E. A. Bowles‹ ♀ hat zitronengelbe Blüten mit bronzegrünem Blütenansatz.
▨, H. 7 cm, Br. 5 cm, ✳✳✳

CROCUS ›GIPSY GIRL‹

CYCLAMEN COUM PEWTER GRUPPE

Cyclamen (Alpenveilchen)
Die hübschen Blüten der C. *coum* ♀ sind umgeben von attraktiven Blättern, die manchmal silberne Zeichnungen aufweisen. Die Pewter-Gruppe ♀ hat fast vollständig silberne Blätter. C. *hederifolium* ♀ blüht im Herbst. Alpenveilchen benötigen einen durchlässigen, sandigen Boden, falls möglich mit etwas Gartenkompost. Die Knollen sehr flach, fast direkt unterhalb der Oberfläche des Substrats einsetzen. ▣, H. 5–8 cm, Br. 10 cm, ✳✳✳

Galanthus nivalis
(Schneeglöckchen)
Zauberhafte im Spätwinter oder Frühling blühende Pflanze, die sich gut für eine natürlich wirkende Bepflanzung im Halbschatten eignet. Im Handel sind viele Sorten mit einfachen Blüten erhältlich, aber auch die gefüllte ›Flore Pleno‹ ♀ ist relativ pflegeleicht. Die Büschel gegebenenfalls direkt nach der Blütezeit teilen. ▣, H. 5–8 cm, Br. 5–6 cm, ✳✳✳

Gentiana sino-ornata
(Stängelloser Enzian)
Hat leuchtend blaue, trompetenförmige Blüten. *Gentiana sino-ornata* zählt zu den pflegeleichtesten Enzianarten und benötigt ein Eriken-Substrat. ▣, H. 5–7 cm, Br. 15–30 cm, ✳✳✳

Helianthemum
(Sonnenröschen)
Diese immergrüne Pflanze gibt Trögen an sonnigen Standorten Farbe. Meistens ergießt sie sich über den Rand des Troges, aber einige Sorten wachsen aufrecht. ▣, H. bis zu 30 cm, Br. bis zu 30 cm, ✳✳✳

Iberis sempervirens
(Schleifenblume)
Attraktive Kriechpflanze zur Randbepflanzung großer Tröge. Im Spätfrühling ist die Pflanze übersät von einer Fülle kleiner, weißer Blüten. ▣, H. 30 cm, Br. bis zu 40 cm, ✳✳✳

Iris histrioides
Kleine, zwiebelbildende Iris mit leuchtend blauen Blüten

GENTIANA ›KINGFISHER‹

NARCISSUS BULBOCODIUM

im Frühjahr. Sie eignet sich gut für erhöhte Tröge, in denen ihre Schönheit besser zur Geltung kommt, bietet sich aber auch als Blumenkastenbepflanzung an. Im Sommer trocken halten. ▣, H. 10–15 cm, Br. 5 cm, ✳✳✳

Muscari armeniacum ♀
(Traubenhyazinthe)
Pflegeleichte Zwiebelpflanze mit kurzen, dichten Blütenähren aus winzigen, runden, blauen Blütchen im Frühling. Eignet sich gut für große Kübel. Da sie eine Fülle von Blättern hervorbringt und manchmal wuchert, kann sie – im Gegensatz zu anderen Zwiebelgewächsen – ohne Schaden für die Pflanze zurückgeschnitten werden. Die Traubenhyazinthe sät sich gern selbst aus. ▣, H. 20 cm, Br. 8 cm, ✳✳✳

Narcissus bulbocodium ♀
(Reifrocknarzisse)
Eine kleine Gruppe dieser zarten Blüten *(oben)* ergibt eine reizvolle Ergänzung für einen Steingartentrog. Die trichterförmigen Blüten

ORIGANUM ›KENT BEAUTY‹

erscheinen im Frühling und
gedeihen am besten an einem
sonnigen, windgeschützten
Standort.
▣, H. 10–15 cm, Br. 5 cm, ✻✻✻

Origanum ›Kent Beauty‹
Eine der vielen, dekorativen
Formen des Majorans. Die
Blüten ergießen sich vom
Hoch- bis zum Spätsommer
über den Rand eines Troges
und sind umgeben von aroma-
tischen, aber nicht essbaren
Blättern. Ebenfalls sehr schön
sind O. amanum ♀ und das
aufrechtwüchsige, rosaviolette
O. laevigatum ♀. Alle benö-
tigen einen durchlässigen
Boden und vertragen keine
feuchtkalten Winter, zu viel
Feuchtigkeit schützen.
▣, H. 10–20 cm, Br. bis zu
30 cm, ✻✻✻

Oxalis adenophylla ♀
Anmutige, nicht ganz
pflegeleichte Staude mit graugrünen Blättern und rosa-
violetten Blüten im Spätfrühling, die sich jedoch nur an
einem sonnigen Standort
öffnen.
▣, H. 10 cm,
Br. bis zu 15 cm, ✻✻✻

Primula auricula ♀
(Aurikel)
Die Blütenbüschel erscheinen
im Spätfrühling über immer-
grünen Blattrosetten *(siehe
S. 49)*. Die Farbpalette umfasst
Violett- und Rottöne, Blau,
Grün und Gelb. Manche
Aurikeln haben bemehlte
Blüten und Blätter. Am besten
etwas Blatthumus oder
Gartenkompost unter das
sandige Pflanzsubstrat
mischen.
▣, H. 20 cm, Br. 25 cm, ✻✻✻

Saxifraga (Steinbrech)
Große Gattung von Gebirgs-
pflanzen, die häufig dichte
Matten aus Blättern bilden.
Blüht im Frühling leuchtend
zitronengelb, weiß und rosa.
Besonders schön ist ›Tumbling
Waters‹ ♀ mit weiß über-
hauchten, silbriggrünen
Blättern und weißen Blüten;
während S. burseriana zitronengelbe Blüten besitzt und
vor zu viel Sonne geschützt
werden sollte. Die Pflanzen
am besten in einen sandigen
Boden setzen und diesen mit
einer Deckschicht aus Kies
versehen.
▣, H. 45 cm, Br. 30 cm, ✻✻✻

OXALIS ADENOPHYLLA

SEMPERVIVUM TECTORUM

Scutellaria indica var.
parvifolia (Helmkraut)
Obwohl das Helmkraut auch
Sonne verträgt, eignet es sich
am besten an einem halb-
schattigen Standort.
▣, H. 25 cm, Br. 30 cm, ✻✻✻

Sedum spathulifolium
(Mauerpfeffer)
Pflegeleichte Sukkulente mit
winzigen Rosetten aus graugrünen Blättern. ›Cape Blanco‹
♀ (siehe S. 53) hat weiß bemehlte und die ›Purpureum‹
violette Blätter.
▣, H. 10 cm, Br. 60 cm, ✻✻✻

Sempervivum tectorum
(Dachwurz)
Die Rosetten aus fleischigen
Blättern bilden fast durch-
gehende Matten. Diese
Pflanze gedeiht auch unter
ungünstigen Bedingungen.
▣, H. 15 cm, Br. bis
zu 50 cm, ✻✻✻

Thymus (Thymian)
Flachwüchsiger Thymian ist
schön im Trog. ›Doone Valley‹
bildet Matten olivgrüner
Blätter, die im Sommer mit
lavendelrosa Blüten übersät
sind. Im Handel sind auch
goldblättrige Thymiansorten
erhältlich. Der Gartenthymian
hat das beste Aroma.
▣, H. bis zu 20 cm,

ESSBARE PFLANZEN

KRÄUTER EIGNEN SICH GUT als Kübelpflanzen, doch Gemüse- und Obstpflanzen brauchen regelmäßige Pflege. Die Ernte wird zwar nur klein ausfallen, aber frisches Obst oder Gemüse ist ein Genuss. Am besten verwendet man rasch reifende Miniatur-Gemüsesorten und düngt mit einem Flüssigdünger.

OBST UND GEMÜSE

Bohnen
Für die Kübelbepflanzung eignen sich Miniatur-Prinzessbohnen wie die ›Delinel‹, von der man vier Pflänzchen in einen 30 cm hohen Topf setzt. Die Pflanzen regelmäßig gießen und düngen.

Möhren
Am besten nur runde Sorten verwenden.

Chilischoten
Sie benötigen einen geschützten, sehr sonnigen Standort. Im Handel sind unterschiedliche »Schärfegrade« erhältlich. Die ›Apache‹ ist eine kleine, kompakte Pflanze.

Salat
Die gekräuselten Blätter von ›Lollo Rosso‹ (rechts) und ›Salad Bowl‹ können nach Bedarf gepflückt werden. Regelmäßig gießen und an einen nicht zu sonnigen Standort stellen.

Tomaten
Benötigen einen geschützten, sonnigen Standort. Die rankende ›Tumbler‹ eignet sich gut für Blumenkästen.

Erdbeeren
An sonnigen Standorten erzielt man mit Erdbeeren in Kübeln eine gute Ernte, wenn die Pflanzen sorgfältig gegossen und alle zwei Wochen gedüngt werden. Nach zwei Jahren durch neue Pflänzchen ersetzen. Walderdbeeren bevorzugen Halbschatten.

Citrus, *siehe S. 65*

KRÄUTER

Basilikum
Eine nicht winterfeste, einjährige Pflanze, die einen geschützten Standort bevorzugt. Die Spitzen regelmäßig abknipsen.
◨, H. 30–60 cm, Br. 30 cm, ✳

Schnittlauch
Pflegeleichte Pflanze für einen sonnigen oder halbschattigen Standort.
◨◨, H. bis zu 60 cm, Br. 5 cm, ✳✳✳

Majoran
An den mit aromatischen Blättern bedeckten Stielen entwickeln sich im Frühsommer hübsche, rosafarbene Blüten. ›Aureum‹ hat gelbe Blätter.
◨, H. 30 cm, Br. 30 cm, ✳✳✳

Minze
Diese wuchernde Pflanze pflanzt man am besten in einem eigenen Kübel. Die Sorten mit panaschierten Blättern bilden meist kompakte Pflanzen. Wächst am besten im feuchten Schatten.
◨◨, H. bis zu 60 cm, Br. unbegrenzt, ✳✳✳

Petersilie
Die krausblättrige Petersilie ist zwar dekorativer, aber die glattblättrige hat ein kräftigeres Aroma. Die Pflanzen wie eine Einjährige behandeln.
◨◨, H. 30 cm, Br. 30 cm, ✳✳✳

Salbei
Goldgefleckter und violetter Salbei sind nicht nur sehr schmackhaft, sondern kommen auch mit anderen Pflanzen schön zur Geltung. Nach der Blüte zurückschneiden, damit der Salbei seine Form behält.
◨, H. 45 cm, Br. 60 cm, ✳✳✳

Siehe auch **Thymian** *(gegenüber)*, **Lorbeer** und **Rosmarin** (S. 66–67).

SALAT ›LOLLO ROSSO‹

REGISTER

DANK

Bildrecherche Christine Rista

Spezialfotografie Peter Anderson

Illustrationen Karen Cochrane

Register Hilary Bird

Dorling Kindersley dankt:
allen Mitarbeitern der RHS, vor allem Susanne Mitchell, Karen Wilson und Barbara Haynes am Vincent Square; Gerry Adamson für Rat und Hilfe bei den Holzobjekten; der Cuprinol Ltd (für den Holzschutz, S. 33); der Rein Ltd (für die zusätzlichen Fasern beim Zementtrog S. 52); der Stanley Tools Ltd.

Die Royal Horticultural Society
Wer mehr über die Arbeit der RHS wissen möchte, kann sie im Internet besuchen: **www.rhs.org.uk**. Dort werden unter anderem Veranstaltungen, eine Datenbank, internationale Pflanzenregister, Ergebnisse von Pflanzenwettbewerben und Informationen über die Mitgliedschaft angeboten.

Fotos
Der Verlag dankt den folgenden Fotografen für die freundliche Genehmigung zum Abdruck ihrer Fotos:
(o=oben, m=Mitte, u=unten, l=links, r=rechts)

DK Special Photography: Dave King 58um
The Garden Picture Library: Linda Burgess 24; Mayer/ Le Scanff 6; J. S. Sira 11o; Friedrich Strauss 22ur
John Glover: Umschlagrückseite om, 4ul, 5ul, 7, 9o, 10, 12l, 17, 21o, 22or, 47u, Design Mark Anthony Walker
Harpur Garden Library: Umschlagrückseite m; Design: Martin Sacks 9u; Design: Simon Fraser 12r
Andrew Lawson: Umschlagvorderseite ol und lm, 2, 8l, 11u, 14ul, 15ur, 16, 19or, 20
Clive Nichols Garden Pictures: Umschlagvorderseite r; 19ur; Chenies Manor, Buckinghamshire 13u; Keukenhof, Holland 19ol; South View Nurseries, Hampshire 8r; Graham Strong 18
Photo Lamontagne: 30